NOUVEAU
VOYAGE
AU
TOUR DU MONDE.

LETTRE QUATORZIE'ME.

A la Baye de Tous les Saints, le 24. No-
vembre 1717.

LA datte de cette Lettre vous fera connoître, Monsieur, que je m'approche de votre Monde, & que j'ai enfin achevé, après bien des tra- vaux, le tour de l'un & de l'autre He- misphere. Je me persuade que si j'avois fait ce beau Voyage, il y a 60. ans, on

Tom. III. A *m'au-*

m'auroit fait l'honneur de parler de moi
dans les Gazettes, ou dans le Mercure Galant : que fai-je ? On m'auroit peut-être
annoncé à la Foire Saint Germain comme
un animal rare, venu des Païs lointains:
mais par malheur tout le monde fe mêle
aujourd'hui de faire le Tour du Monde,
& comme dit Horace *.

> Necquicquam Deus abfcidit
> Prudens Oceano diffociabili
> Terras, fi tamen impiæ
> Non tangenda rates tranfiliunt vada.

Excufez ce petit mot d'érudition, il
eft peut-être mal placé, mais je ne l'ef-
facerai pas.

Je vais maintenant vous faire part de
nos avantures maritimes, & des dangers
que nous avons courus depuis dix mois.
Nous partîmes du Port d'Emouy le 12.
Fevrier de cette année, & nous faillîmes
à faire naufrage avant même que d'être
hors du Port; notre Vaiffeau ayant touché rudement fur une roche qui eft à la
pointe de l'*Eft* de l'Ifle de Colomfou, où
le courant de la Riviere nous entraîna
mal-

* *Ode III. Libri I.*

malgré nous. Notre deffein, & la veritable manœuvre étoit de ranger l'Ifle
d'Emouy plûtôt que les Côtes de Colomfou, mais le Vaiffeau étoit fi embar-
raffé & fi mal lefté que tout l'art devint
inutile. Il furvint un moment après une
bourafque qui coucha le Navire fur le
côté; il fallut amener les voiles & jetter
l'ancre au milieu de la Baye, environ à
deux lieuës de la Ville.

Les Marchandifes n'étoient point un
left fuffifant, & il étoit impoffible que le
Vaiffeau pût tenir la Mer en cet état :
on remédia promptement à cet inconvé-
nient, en faifant un nouvel arrimage, &
en mettant les Caiffes les plus pefantes
deffous les plus legeres, ce que la précipitation de notre départ nous avoit fait
omettre. On lefta le Vaiffeau de gros
fable au deffaut des pierres qu'on ne pût
trouver dans cette Baye, & pour empêcher que ce fable ne fe répandît dans le
fond de cale, & n'endommageât les pompes, on le renferma dans des facs d'ofier;
précaution qu'on doit toûjours avoir
quand on eft contraint par la neceffité de
fe charger de ce mauvais left.

Nous reftâmes cinq jours dans cette
Baye. Les Chinois venoient pendant la

nuit

nuit nous offrir differentes Marchandises à un prix fort modique, mais il n'étoit plus tems, & nous n'avions plus d'argent. *

Le 17. nous mîmes à la voile à la faveur d'un vent de *Nordest*, & nous fîmes route au *Sudest* pour éviter une roche qui est au milieu de la Baye. La Mer étoit fort agitée ; nos miseres recommencerent, & contre ma côutume je sentis que mon cœur étoit foible. Je fixai le point de mon départ aux Isles qui forment l'entrée de la Baye d'Emouy, lesquelles sont situées à 24. degrez 30. minutes de latitude Septentrionale, & à 153. degrez de longitude.

Toute cette Côte me parut habitée & très-peuplée ; j'en jugeai par le nombre des gros Bourgs & des Villages que j'apperçûs. La Mer, qui est fort poissonneuse le long de cette plage, étoit couverte de Batteaux de Pêcheurs, qui tendoient leurs filets jusqu'à six lieues loin de terre.

Le

* Quelques particuliers néanmoins acheterent quelques petits Lingots d'or ; le profit est certain sur cette sorte de Marchandise, & il y a toujours 50. ou 60. pour cent de benefice.

Le 19. les vents furent fort variables depuis le *Sudest* jufqu'au *Nordest*. Nous obfervâmes la latitude de 21. degrez 14. minutes.

Le 20. le vent ceffa. Nous fondâmes à la vûe de terre à 30. braffes de profondeur. A midi le vent fe leva du côté de l'*Est*, & un brouillard épais nous ayant dérobé la vûe de plufieurs Ifles que nous voulions reconnoître pour regler notre route, nous ne pûmes découvrir l'Ifle *Montanao*, qui eft à l'entrée de la Riviere de *Canton*. Toute cette Côte eft fituée *Nordest* cinq degrez *Nord*, & *Sudouest* cinq degrez *Sud*. La variation de l'aiguille eft dans ces parages de 2. degrez 30. minutes vers le *Nordouest*.

Le 22. nous obfervâmes la latitude qui étoit de 20. degrez 48. minutes, & la longitude fut de 128. degrez 20. minutes. Nous apperçûmes alors une Ifle fort grande au No ⁰ N. environ à dix lieues de diftance; on la chercha vainement fur les Cartes, elle nous parut pourtant affez grande pour meriter d'y être.

Le 23. l'air fe couvrit de nuages, & nous perdîmes la terre de vûe. On fonda à 70. 75. & 60. braffes. On fit route vers le foir à *Ouest Sudouest*, pour reconnoinoître l'Ifle d'Aynam, dont la vûe eft neceflaire pour s'aflurer du paffage entre le Paracel & la Côte de la Cochinchine. Le Paracel eft un banc de rochers qui s'étend fort loin, & dont l'approche eft très-dangereufe.

Le 24. nous apperçûmes au point du jour l'Ifle d'Aynam, à 5. lieues de diftance: cette Ifle eft fort haute & bordée de plufieurs autres petites Ifles, aufquelles les Geographes, ni les Voyageurs n'ont point encore donné de nom. *

Le 26. nous nous trouvâmes enfoncez dans une efpece de Golphe, & la terre parut de tous côtez. On fonda à 50. braffes, à 5. lieues environ de diftance. Nous vîmes un nombre prefqu'infini de Barques & de Vaiffeaux Cochinchinois, dont plufieurs s'approcherent de nous à la portée d'un fufil, mais aucun n'ofa nous aborder, quelques fignes que nous leur fiffions. Il nous auroit été aifé d'armer notre Chaloupe & d'aller favoir ce qu'ils vouloient, mais cela auroit retardé

---

* J'ai vû une belle Relation de cette Ifle écrite par M. Gardin, qui y a fait un long fejour. Comme il a deffein de la donner au Public, c'eft à fon Livre que je vous renvoye.

dé notre route, & le vent nous étoit si favorable, que nous voulûmes en profiter. La fabrique de ces Vaisseaux me parut semblable à celle des Vaisseaux Chinois, mais les Cochinchinois avoient le teint plus basanné, & étoient, à mon avis, plus laids que les Chinois : aussi ce climat est-il beaucoup plus chaud que celui de la Chine. Nous vîmes plusieurs serpens & des Couleuvres fort grosses que les Rivieres de la Cochinchine avoient sans doute entraînées dans la Mer. Je ne sai comment ces animaux peuvent vivre dans l'eau salée : il est vrai qu'ils ont peu de mouvement, & nos Matelots en ayant pris quelques-uns, à peine pouvoient-ils ramper sur le Tillac ; cependant ils sont vivans, & il y a beaucoup d'apparence qu'ils vivent long-tems dans la Mer. Ce qui me surprend encore est que les poissons, dont ces Mers abondent, ne les mangent point.

Toutes les Isles qu'on trouve le long de cette Côte sont beaucoup plus voisines de la terre qu'elles ne sont marquées sur les Cartes, & les courans, jusqu'à l'Isle d'Aynam, ne portent point au Sud avec tant de rapidité

A 4   que

que les Inſtructions le marquent: mais comme les courans ſont plus ou moins forts, ſelon la qualité du vent, il ne faut pas s'en tenir aux Inſtructions.

Le 28. au matin les ſentimens de nos Pilotes furent fort partagez à la vûe de deux Iſles que nous ne pouvions trouver ſur nos Cartes. Les uns diſoient que ces Iſles étoient celles de *Pulo Can-ton* *; les autres ſoûtenoient le contrai-re, parce qu'elles étoient trop près de la terre, & que les Cartes les marquent beaucoup plus éloignées. J'ai remarqué que ceux d'entre les Pilotes qui ont les meilleurs poumons & qui jurent le mieux, remportent toûjours le prix de l'éloquen-ce, & entraînent les autres à leur opi-nion. C'eſt une eſpece d'art oratoire, une douce perſuaſion qui n'eſt propre qu'aux gens de ce métier. Pendant cette diſpute, nous apperçûmes un Vaiſ-ſeau entre la terre & nous. Le bruit avoit couru avant notre départ de la Chine qu'il y avoit un Forban dans ces Mers, & comme ce Vaiſſeau pouvoit être celui que nous devions craindre, on ſe prépara au combat. Nous tirâ-mes un coup de Canon en arborant notre

* *Pulo*, en Langue Malaye, veut dire *Iſle*.

tre Pavillon , & nous nous approchâmes assez près du prétendu Pirate pour
reconnoître que la fabrique de ce Navire étoit Portugaise. Cependant comme il n'arboroit point de Pavillon, &
qu'il continuoit tranquillement sa route, nous étions prêts à l'attaquer & à
faire feu sur lui , lorsqu'enfin il amena
une partie de ses voiles & arbora un Pavillon Portugais. Nous envoyâmes un
Officier à bord qui rapporta que ce Vaisseau venoit de *Macao* , & qu'il alloit
dans le Golphe de Siam. Le Capitaine qui étoit Portugais, & par consé-
quent Pilote & experimenté dans ces
Mers, assura que les Isles que nous
voyions étoient celles de *Pulo Canton*.
Il fit plusieurs corrections sur nos Cartes qui nous furent fort utiles dans la suite,
surtout pour l'entrée du Détroit de *Banca*.

Le Portugais s'offrit de nous servir de
guide pendant quelques jours, & nous
dit qu'il y avoit entre ces Isles & la Terre
ferme un passage facile, & qui abregeoit
le chemin. Mais après quelques déliberations nous aimâmes mieux aller moins
vîte & avec plus de sûreté. Le Vaisseau
Portugais étant petit & construit à pla-
tes varangues, pouvoit passer aisément

A 5   par

par un Canal peu profond; mais il n'en étoit
pas ainfi du nôtre qui tiroit feize pieds
d'eau. Nous remerciâmes le Capitaine
Portugais, & comme nous nous étions
trop engagez dans le Golphe, nous
louvoyâmes en faifant route au *SSE* pour
doubler le Cap le plus oriental des Iſles
de *Pulo Canton.*

Le 4. de Mars à trois heures après
midi nous nous trouvâmes entre *Pulo Cefir* de terre & *Pulo Cefir* de mer.
La fonde étoit de dix braſſes. Nous
eûmes alors une allarme qui dura peu,
mais qui fut chaude. Les Matelots qui
étoient en fentinelle s'écrierent tout d'un
coup qu'ils voyoient à une diftance peu
confiderable un écueil fur lequel le Vaiſ-
feau alloit fe brifer. Je dormois alors,
parce que les dangers qui font fi frequens
dans ces parages ne me permettoient gueres pendant la nuit un fommeil tranquille. Un cri terrible d'*arrive tout* me re-
veilla en furfaut. Le tumulte, la confufion, la crainte de la mort que je vis
peinte fur le vifage de tout le monde
m'épouvanterent de telle forte, que je
fus long-tems fans pouvoir rappeller mes
efprits. Cependant le danger étoit ima-
ginaire, & il eût été prefqu'impoſſible
de

de l'éviter s'il avoit été réel; car il n'est pas aisé de faire tout d'un coup changer de route à un Vaisseau, à cause de la détermination violente de son mouvement. Loin de reprocher aux Matelots leur terreur panique, on les exhorta à renouveller leur attention, & à donner avis des moindres apparences de danger qu'ils connoîtroient, aux risques d'avoir de fausses allarmes.

On ne peut naviger avec trop de prudence dans ces Mers; les écueils y sont infinis, & elles seroient impraticables si la sonde ne servoit de guide. Nous fîmes route à Oso pour chercher une profondeur plus considerable, & nous trouvâmes en effet 15. & 20. brasses un quart d'heure après.

Le 5. nous gouvernâmes au S. ¼ SE, & les Pilotes crurent qu'en tenant cette route, nous pouvions aisément passer au large de *Pulo Condor*. Vers la moitié de la nuit il se leva un vent frais, & nous navigions avec une entiere securité, croyant être à plus de 30. lieues à l'*Est* de *Pulo Condor*. Je dis à un Officier avec qui je me promenois alors sur le Château de Pompe, qu'il me sembloit voir un Vaisseau à la voile, autant

que

que l'obscurité pouvoit me le permettre.
Ayant jetté la vûe du côté que je lui
marquois, au lieu de me répondre, il
cria d'une voix forte, qu'il falloit arriver, & que nous étions perdus. Jamais
danger ne fut plus évident, ni plus prochain; car si le Vaisseau avoit fait encore une demie lieue, nous perissions
sans ressource. Malgré les tenebres,
nous vîmes la terre de toutes parts. On
jetta l'ancre avec bien de la peine, parce que n'ayant point prévû cet accident;
les manœuvres se trouvoient embarras-
sées. Le jour qui parut trois heures
après nous montra *Pulo Condor*, desor-
te que nous pouvions distinctement remarquer son rivage, & la Mer qui se
brisoit contre les écueils dont il est bordé.

Il y eut alors de grands raisonnemens
parmi nos Pilotes, qui attribuerent tous,
selon leur coûtume, une erreur si considerable aux courans. Pour moi qui
ne suis qu'un Apprentif Pilote, quoiqu'à mon entêtement je puisse quelquefois passer pour maître, je rejettai cette erreur en partie sur les courans, en
partie sur les Geographes, qui mettent
Pulo Condor beaucoup plus à l'Ouest qu'il
n'est

n'eſt en effet. Les obſervations que nous fîmes juſtifient cette opinion. La variation étoit de cinq degrez vers le *Nordoueſt*, la latitude de huit degrez dix minutes, à huit lieues de diſtance, & la longitude de 122. degrez 58. minutes.

Pulo Condor eſt une Iſle fort haute, qui paroît aride du côté de l'*Oueſt*, mais qui eſt couverte d'arbres du côté du Nord, où les Anglois ont une Factorie pour le commerce de Siam & de la Cochinchine. Il y a auſſi pluſieurs autres petites Iſles dont elle eſt environnée ; & ce que j'avois pris la nuit pour un Vaiſſeau à la voile étoit un rocher haut & droit qui ſe termine en pyramide. Au reſte nous navigions fort cavalierement, pour ne pas dire en étourdis, & je crois que dans des Mers comme celles-là, où les vents & les courans ſont variables, la prudence demande qu'on paſſe la nuit à l'ancre plûtôt que de ſe riſquer à aller pendant l'obſcurité briſer ſon Vaiſſeau ſur quelque écueil. Le proverbe qui dit qu'*il vaut mieux arriver une heure trop tard qu'un quart d'heure trop tôt*, ſe doit entendre à la lettre ſur la Mer.

Le huitiéme les courans porterent

tan-

tantôt au *Sud*, tantôt à l'*Ouest*, & nous prolongeâmes la terre de Malaya. Nous vîmes *Pulo Capas*, au Nord duquel il y a une Roche qui ressemble à un Vaisseau à la voile, lorsqu'on en est à cinq lieues de distance. Ces Isles sont situées plus au Sud que les Cartes ne le marquent. La sonde fut de 35. brasses, à trois lieues de *Pulo Capas*, & depuis le cinq de ce mois jusqu'au neuf nous fîmes route au So $\frac{1}{4}$ S.

Le 9. la chaleur commença à se faire sentir; nous étions à la latitude de trois degrez 25. minutes, & à 121. degrez 54. minutes de longitude. Nous approchions de la Ligne Equinoctiale; la pluie nous incommodoit beaucoup, parce que les nuages obscurcissoient l'air, & nous empêchoient de reconnoître plusieurs Isles dont la vûe étoit necessaire pour s'assurer de l'entrée du détroit de *Banca*.

Le dixiéme nous fîmes route au *SSE* à la vûe de la terre de *Malaya*. On sonda à 45. brasses, & nous apperçûmes une Isle qui causa encore de grandes disputes parmi nous. Il y a des Pilotes qui sont quelquefois si opiniâtres, ou si scrupuleux, que semblables aux Mede-

Medecins, ils veulent que tout se fasse selon les regles de l'art. Ceux-là ne vouloient point que cette Isle fut *Pulo Timon*, parce qu'elle nous paroissoit beaucoup plus au Sud qu'elle ne l'est sur les Cartes. Néanmoins ceux qui par l'experience que nous avions déja faite, avoient remarqué que toutes ces Isles étoient mal situées sur les Cartes, furent d'un avis contraire ; & ce qui acheva de faire connoître que c'étoit-là *Pulo Timon*, fut la connoissance que nous eûmes une heure après de deux autres Isles, dont l'une s'appelle *Pulo Pian*, & l'autre *Pulo Hau*. Les courans porterent tout le jour vers le Sud avec beaucoup de rapidité.

Le 11. il se leva un vent frais qui tempera la chaleur de la Ligne Equinoctiale.

Le 12. nous nous approchâmes de la terre à la sonde de 18. & 19. brasses, & nous vîmes plusieurs Isles qui sont situées à l'embouchure du Détroit de *Malaca*. La pointe du Sud de l'Isle de *Lingam* restoit à *Ouest Sudouest* à 5. lieues de distance. Toutes ces Isles forment une perspective charmante, elles sont couvertes d'arbres qui sont toûjours verds :

verds : cependant j'en crois le fejour incommode & mal fain à caufe de la chaleur exceffive de ce Climat. Ce même
jour nous crûmes, felon notre eftime &
felon nos obfervations, être fous la Ligne
Equinoctiale, à 122. degrez 20. minutes de longitude. Nous éprouvâmes
trois Saifons dans un mois. Je vous ai
déja dit, Monfieur, qu'en partant de
la Chine le froid fe faifoit vivement fen-
tir : vers les 14. degrez de latitude Septentrionale, c'eft-à-dire, 15. jours après
notre départ, nous eûmes le Printems,
& à la fin du mois un Eté brûlant, &
une chaleur prefqu'infuportable.

Le 23. la pluye & l'orage raffraichi-
rent l'air. Je ne fai comment on ofe fe
guider fur les vûes ou perfpectives d'une
terre qu'on deffine fur mer. Nous avions
des Plans levez par de très-habiles gens,
& néanmoins les terres & les montagnes
ne paroiffoient point à nos yeux telles
qu'ils les avoient deffinées. Pour moi
je fuis perfuadé que fi deux Ingenieurs
levent dans deux Vaiffeaux differens le
Plan d'une même terre, ce plan ou cette perfpective fera differente, fi la diftance des deux Vaffeaux eft feulement d'u-
ne demie lieue : enforte que pour fe fer-

vir

vit utilement de tous les plans qu'on porte ordinairement fur la mer, il faudroit que le Vaiffeau où l'on eft fe trouvât juftement au même point, & pour ainfi dire, au même Zenith où étoit le Vaiffeau fur lequel les plans ont été levez, ce qui eft moralement impoffible. Je crois auffi que depuis la Chine jufqu'au détroit de la Sonde, la fonde & la latitude font les meilleurs guides, car il faut peu fe fier aux courans qui font variables, felon les Saifons, & qui ne portent pas toûjours au rhumb de vent fuppofé avec la même force.

Vers le foir il fe leva un vent fort, mais la Mer refta tranquille, & ne fut prefque point agitée. Nous vîmes fept Ifles peu diftantes les unes des autres. La fonde fut depuis 13. jufqu'à 15. braffes. Le vent ceffa pendant la nuit.

Le 14. nous reconnûmes d'un côté la haute montagne de *Manopin*, qui eft dans l'Ifle de *Banca*, & de l'autre côté l'Ifle de *Sumatra*, dont le terrain me parut peu élevé, & couvert d'arbres jufques fur le rivage.

Nous gouvernâmes au S. $\frac{1}{4}$ SE. ayant toûjours la fonde à la main & faifant petites voiles.

Le

Le détroit de *Banca* eft formé par les Ifles de *Banca* & de *Sumatra*. On trouve à l'entrée du Canal 8. braffes de profondeur. Nous paffâmes à 4. licues de diftance de la Montagne nommée *Manopin*, faifant route au S. $\frac{1}{4}$ SO. Vers les 7. heures du foir on jetta l'ancre à 7. braffes de profondeur, & le fonds étoit de vafe mêlée de coquillages. La Montagne de *Manopin* nous reftoit au S. SE. & à 5. licues de diftance. Il faut en entrant dans ce détroit éviter également l'approche de l'Ifle de *Banca*, & celle de l'Ifle *Sumatra*, & prendre le Canal dans une diftance égale de ces deux Ifles. La fonde regle enfuite la route, & fert de guide pour fe maintenir dans le Canal. Nous remarquâmes que les courans portoient vers le Sud avec rapidité.

Le 15. au matin on leva l'ancre, & l'on dirigea la route au SSO. jufqu'à la fonde de 14. braffes. On gouverna enfuite au Sud & au S $\frac{1}{4}$ SO. Lorfque nous eûmes la Montagne de *Manopin* à l'*Eft*, nous fîmes route au S $\frac{1}{4}$ SE. Plufieurs Brigantins Malays fuivoient la même route, & nous entouroient de tous côtez. Nous nous difpofâmes à la défenfe fenſe en cas que ces peuples, qui ne vivent que de brigandage, & qui ont ſouvent ſurpris les Vaiſſeaux Hollandois, s'aviſaſſent de nous attaquer. Nous rangions la terre de *Sumatra* à deux lieues environ de diſtance, & nous reglions entierement notre route ſur la ſonde. A trois heures après midi un grain aſſez violent nous obligea de jetter l'ancre. Tous les Brigantins Malays firent la même choſe, & ſe rangerent autour de notre Vaiſſeau ; cette manœuvre redoubla notre attention. Les courans porterent pendant toute cette nuit vers l'*Eſt Sudeſt*.

L'Iſle de *Sumatra* paroît de ce côté couverte d'arbres juſques ſur le rivage, & arroſée de Rivieres qui ſe jettent dans ce Détroit. La plus grande eſt celle de *Palimbam* dont les eaux ſont très-bourbeuſes, même après qu'elles ſont confondues avec la mer. Le terrain de cette Iſle m'a paru fort bas, & je n'y apperçûs aucunes montagnes. On en voit au contraire pluſieurs dans l'Iſle de *Banca*, leſquelles ſont fort hautes, & couvertes d'arbres.

Au reſte nous nous éloignions avec ſoin de cette derniere Iſle, parce que
le

le Détroit est de ce côté-là rempli de bancs de sable & d'autres écueils très-dangereux.

Le 16. nous mîmes à la voile au lever du Soleil, & après avoir fait cent routes differentes, toûjours guidez par la sonde, nous trouvâmes tout à coup 4. brassesde profondeur, sans savoir désormais où étoit le Canal dontnous nous étions écartez sans nous en appercevoir. Irrésolus sur le parti que nous avions à prendre, nous jettâmes l'ancre, & une heure après, tandis qu'on consultoit sur le peril present, on s'apperçût que le fond étoit encore diminué d'une demie brasse, ensorte qu'il ne s'en falloit pas un pied que le Vaisseau ne fût échoué. La peur se mit de la partie, & augmenta le danger; les Matelots n'écoutoient plus les ordres de leurs Officiers, chacun commandoit, personne n'obéissoit. Enfin la necessité nous rendit injustes, & nous empêcha même de faire des reflexions sur le peril où nous allions nous exposer. Nous tirâmes un coup de Canon à boulet sur un Brigantin Malays qui passoit alors entre la terre de *Sumatra* & notre Vaisseau. Les Malays amenerent aussi-tôt leurs voiles, &

nous

nous nous embarquâmes cinq ou six dans la Chaloupe avec des armes, sans savoir encore précisement ce que nous allions faire, ni quel étoit notre dessein. Pour moi je crois en vérité que je n'entrai dans la Chaloupe que poussé par un premier mouvement dont je ne fus pas le maître. Si-tôt que nous eûmes laissé le Vaisseau, le Capitaine nous cria avec le Porte-voix de faire tous nos efforts pour amener un Pilote, de gré ou de force. Nous abordâmes ce Brigantin, où il ne parut d'abord que 7. ou 8. hommes qui achevoient de charger quelques petits Canons de bronze. Le Chef de ces Indiens nous ayant demandé par signes ce que nous voulions, nous lui répon-dîmes dans le même langage, que nous souhaitions avoir un Pilote pour nous, conduire dans le Canal du Détroit, & que nous ne voulions leur faire aucun tort. Alors une vieille femme que je vis assise dans un coin m'ayant dit quel-ques mots en jargon Portugais, je lui dis quels étoient nos besoins & nos intentions, mais elle ne les eut pas plûtôt connus, qu'elle feignit de ne me pas entendre.

Cependant nous avions posté deux de

nos gens à la poupe, & deux à la proue,
avec ordre de faire feu fur les Malays
en cas qu'ils nous attaquaſſent avec
trop d'avantage. Ceux qui étoient à
la proue nous avertirent que le Brigantin étoit emporté par le courant,
& que les Malays n'avoient point jetté l'ancre. Heureuſement ils n'avoient
pas eu la malice de couper leurs Ca-
bles, car s'ils l'avoient fait, nous étions
perdus ſans reſſource, comme vous
l'allez voir. Nos gens jetterent donc
l'ancre, & arrêterent ainſi ce Bâtiment
qui s'étoit déja fort éloigné du nôtre, même hors de la portée du Canon. Nous fîmes enſuite embarquer par
force la vieille femme, le Capitaine qui
ſe diſoit ſon fils, ſa femme, & deux Malays Matelots, ôtages que nous crûmes
neceſſaires à notre ſeureté. Comme nous
jettions ces gens aſſez rudement dans notre Chaloupe, ils jetterent quelques cris,
& auſſi-tôt pluſieurs Malays ſortirent du
fond de cale avec un viſage mécontent
& un air ſi irrité, que nous eûmes peur
qu'ils n'euſſent formé quelque deſſein
contre nous. Nous jettâmes tous comme unanimement un regard triſte ſur
notre Vaiſſeau, & nous vîmes avec douleur

leur qu'il étoit impoſſible qu'il nous ſe-
courut. Cependant il n'y avoit pas à
balancer, & il falloit ſoûtenir la gageu-
re. Quoiqu'en entrant dans le Brigantin
nous n'y euſſions vû que ſept ou huit hommes, ils étoient néanmoins plus de ſoi-
xante qui ſortoient du fond de cale avec
précipitation, & nous avions lieu de
craindre d'être opprimez par le nombre,
ſi nous leur donnions le tems de s'aſſem-
bler & de reconnoître leurs forces & notre foibleſſe. Nous chargeâmes ceux
qui étoient montez les premiers. Ils tirerent leurs poignards, & parurent ré-
ſolus à ſe défendre. Nous fûmes en
même-tems attaquez par derriere par
d'autres Malays qui s'étoient cachez dans
la chambre de Poupe. Aucuns des
nôtres ne fit feu ſur eux : nous nous
contentâmes de les repouſſer à coups de
ſabre, & de les contraindre, après une
legere reſiſtance, à rentrer dans le fond
de cale. Quelques-uns furent bleſſez,
& les autres déſarmez. Nous ôtâmes
de la chambre de poupe toutes les armes qui y étoient en aſſez grand nombre, & dont ils n'avoient pas eu le
tems de ſe ſervir, à cauſe de leur ſurpriſe. Nous fermâmes enſuite les écou-
tilles

tilles afin d'éviter une nouvelle attaque. Leurs poignards, dont la lame est faite en onde, étoient longs de deux pieds, & j'en crois la bleſſure mortelle. Les Indiens Orientaux ſe ſervent preſque tous de ce poignard, à qui ils donnent le nom de *Cric*.

Notre intention n'avoit point été de leur faire tant de mal, mais nous craignîmes, ſelon beaucoup d'apparence, qu'ils n'euſſent deſſein de nous en faire. Nous les ménageâmes autant qu'il nous fut poſſible, & cette petite avanture auroit été bien plus ſanglante ſi nous nous étions ſervis de nos armes à feu. Quoiqu'il en ſoit, notre procedé fut violent, & ces Indiens qui n'entendoient point notre langue, étoient diſpenſez de juger favorablement de nos intentions, ſurtout voyant que nous abordions leur Vaiſſeau à main armée. D'un autre côté la conjonĉture où nous nous trouvions rendoit la violence neceſſaire, & ils nous auroient maſſacrez ſi nous nous étions amuſez à les convaincre par belles raiſons de la droiture de notre intention.

Après cette expedition tout fut calme dans le Brigantin. Nous prîmes tou-

toutes les armes que nous y trouvâmes, & les six petits Perriers de fon-
te qui étoient chargez, & nous les
embarquâmes dans notre Chaloupe, dans
la crainte qu'ils ne s'en servissent contre
nous lorsque nous retournerions vers notre Vaisseau. Le Capitaine du Brigantin, que nous emmenions, donna ses ordres à ses Matelots, & nous partîmes avec
ce nouveau Cortege.

Ces malheureux Malays pleuroient
amerement. La vieille femme seule re-
gardoit tout d'un œil sec. Elle me
dit même d'un ton hardi dans son jargon Portugais qu'elle ne craignoit rien,
& que si nous étions Chrétiens, nous
ne serions pas assez injustes pour les
arracher du sein de leur Patrie, &
pour les emmener esclaves. Je tâchai
de la rassurer & de lui faire comprendre que loin de les traiter en esclaves,
on les recompenseroit de leurs peines,
& qu'on leur restitueroit tout ce qui
avoit été enlevé du Brigantin. Lui
ayant ensuite demandé de quel Païs elle étoit, où elle alloit, elle me répondit qu'elle étoit de *Camboa*, Factorie
Hollandoise, que son fils avoit armé le
Brigantin pour porter du ris à *Bata-*

via, dans la grande *Java*, & que les Malays qui y étoient embarquez é. toient paſſagers, &c.

Le Capitaine Indien devenu Pilote malgré lui, s'étant mis en devoir de nous retirer du danger où nous étions, fit entendre qu'il falloit lever l'ancre, & aller la mouiller à une portée de fuſil plus loin, où nous trouverions ſix braſſes de profondeur. On leva l'ancre, & nous paſſâmes la nuit dans l'endroit qu'il nous avoit indiqué, parce qu'il étoit trop tard pour oſer faire route dans un détroit ſi dangereux.

Pendant la nuit deux Pilotes s'embarquerent dans la Chaloupe pour ſonder autour du Vaiſſeau, & juſqu'à une lieuë plus avant dans le Détroit, ne voulant pas nous fier aveuglément à notre Pilote étranger, qui par ignorance, ou peut-être même par malice pouvoit nous rejetter dans un nouveau péril.

Le 17. nous fûmes fort ſurpris de ne plus voir le Brigantin Malays qui s'étoit échappé à la faveur de la nuit. Le Capitaine Indien pleura, s'arracha les cheveux, & nous reprocha la perte de ſon Vaiſſeau, prétendant que le

paſſ

paſſagers Malays avoient profité de ſon abſence pour le lui enlever. Il fit des plaintes ſi touchantes qu'il nous donna de la compaſſion. Cependant de peur de charger notre conſcience d'une pareille injuſtice, nous fîmes toutes ſortes de raiſonnemens pour nous perſuader à nous-mêmes, auſſi-bien qu'à ce pauvre Indien, que le Brigantin s'étoit retiré derriere quelque pointe de l'Iſle *Sumatra*, dans la crainte d'nne nouvelle attaque : mais l'Indien ne ſe pouvoit conſoler, & ſon inquiétude vraie ou fauſſe étoit peinte ſur ſon viſage. Il nous pria de le faire mettre à terre à la derniere pointe du Sud de l'Iſle *Sumatra*, & comme nous n'avions plus beſoin de ſon ſecours, on ſe diſpoſa à lui donner cette ſatisfaction. L'eſperance de la liberté, (car il avoit toûjours appréhendé d'être eſclave) & les préſens que nous lui fîmes, ſemblerent lui avoir ôté une partie de la douleur qu'il avoit témoigné pendant tout le jour. On lui donna vingt pieces de huit, un ſac de biſcuit, trois bouteilles de vin, deux flacons d'eau-de-vie, de la poudre & des balles, qu'il avoit demandé pour ſe deffendre des bêtes fauves qui ſont fort communes ſur le rivage de *Su-*

matra. On lui reſtitua ſes Canons, ou Perriers de bronze, les Lances & trois fuſils que nous avions enlevez de la chambre de Poupe de ſon Vaiſſeau, & il s'embarqua avec ſa troupe dans notre Canot.

Le deſir de contempler de plus près l'Iſle de *Sumatra* m'engagea à m'embarquer auſſi avec trois Officiers qui ſervoient d'Eſcorte à nos Indiens. Nous nous armâmes chacun d'un fuſil & d'un ſabre, & nous mîmes à la voile, faiſant route vers *Sumatra*, tandis que notre Vaiſſeau continuoit la ſienne à petites voiles pour doubler la derniere pointe du Sud de cette Iſle, où finit le Détroit de *Banca*. Nous nous approchâmes de terre à une portée de fuſil. Le rivage étoit bordé d'un grand banc de vaſe, où nous nous engageâmes, & d'où nous ne nous retirâmes qu'avec beaucoup de peine. Il nous fut impoſſible de toucher au rivage, & nous côtoyâmes l'Iſle dans l'eſperance de trouver quelque lieu commode pour faire débarquer nos Indiens, dont l'impatience augmentoit à meſure que les moyens nous manquoient de leur procurer la liberté.

Nous avions déja fait plus d'une lieue de long de ce rivage, lorſque nous apper-

perçûmes une petite Pirogue qui navigeoit fur la vafe. L'Indien qui la con-
duifoit l'abandonna fi-tôt qu'il nous eut
apperçû. Nous nous approchâmes encore du rivage jufqu'à un pied de profondeur. Un de nos Indiens s'étant dépouil-
lé, voulut effayer s'il pourroit gagner la
terre en courant legerement fur la vafe,
mais il ne fut pas plûtôt entré dans l'eau
qu'il enfonça jufqu'au col; on le retira, &
nous continuâmes notre route.

Le rivage étoit planté d'arbres, dont
les racines étoient couvertes de cette vafe qui bordoit toute la Côte. Nous vîmes plufieurs Chats-Tigres, des Herons
& d'autres animaux qui nous firent connoître que la précaution que le Capitaine Indien avoit eu de demander de la poudre, n'étoit pas mal fondée.

Enfin après avoir vogué plus de deux
heures, nous touchions prefque à la pointe du Sud de l'Ifle lorfque notre Vaiffeau
jetta l'ancre, & nous fit un fignal, au-
quel nous ne comprîmes rien d'abord,
mais qui devint intelligible un moment
après. Nous doublions la pointe du Sud
lorfque nous apperçûmes une petite Galiotte à rames qui navigeoit le long de
la Côte, & qui venoit à notre rencon-

tre. Nous ne savions quel parti prendre : nous n'étions que six hommes armez dans le Canot, le reste des Matelots n'avoit que ses rames pour toute deffense. Cependant nous resolûmes d'aborder cette Galiotte, voulant, à quelque prix que ce fût, nous débarasser des Malays qui commençoient à nous être incommodes. Nous avions l'avantage du vent, & nous en profitâmes pour mettre la Galiotte entre la terre & nous.

Cependant l'allarme étoit dans notre Vaisseau, où l'on crût que cette Galiotte ne manqueroit pas de nous attaquer, lorsque les Indiens se seroient apperçûs de notre petit nombre. On arma la Chaloupe, où presque tous les Officiers & les Passagers s'embarquerent pour accourir à notre secours. Ils avoient déja fait la moitié du chemin lorsque nous abordâmes la Galiotte. C'étoit un Bâtiment ras & sans Canons. Nous y vîmes une vingtaine d'Indiens à demi nuds, au milieu desquels il y avoit une espece de petit Prince ou Gouverneur d'un Canton de *Sumatra*. Nous couchâmes en joue ce grave personnage à qui la peur sembla ôter la Raison. Ses gens aussi épouvantez que lui, resterent immobiles, & se cru-

crurent perdus ou maſſacrez, tant notre abord avoit été bruſque. Ils avoient
pourtant un grand nombre d'armes, des
Crics ou poignards ſemblables à ceux
dont je vous ai déja parlé. La vieille femme qui étoit avec nous les raſſu-
ra & parla avec eux pendant quelque
tems. Leur Chef, après cette converſation, porta ſes mains à ſa tête &
nous ſalua à la maniere des Maures.
Cette courtoiſie n'empêcha point que
deux des nôtres ne ſe tinſſent toûjours
dans une poſture capable de l'intimi-
der. Il étoit revêtu d'une longue robe de toille peinte, un grand chapeau
tiſſu de joncs couvroit ſa tête, & la
garantiſſoit des ardeurs du Soleil. Ses
doigts étoient chargez d'anneaux & de
petites Emeraudes. La plûpart de ſes
gens étoient nuds, à la reſerve de ce
que les peuples les plus ſauvages ont
ſoin de tenir couvert.

Nos Indiens nous prierent de les
laiſſer dans cette Galiotte, parce qu'en
remontant le Détroit ils eſperoient retrouver plus facilement leur Brigantin.
Nous leur accordâmes volontiers ce
qu'ils demandoient: on leur donna les
proviſions que nous avions embarquées,

leurs

leurs six Perriers, &c. Mais parce que la rencontre de la Galiotte nous avoit obligez à charger leurs fusils, nous les déchargeâmes avant que de les rendre, de peur qu'ils ne s'en servissent contre nons. Ceux qui venoient à notre secours ayant entendu cette décharge, & croyant que nous étions aux mains avec ces nouveaux Indiens, firent plusieurs efforts pour se joindre à nous; mais les vents & les courans leur étant contraires, ils ne purent venir à bout de leur dessein. Nous le tirâmes de peine en arrivant sur eux.

Cependant nous ignorons encore si ces malheureux Indiens purent retrouver leur Vaisseau; & je ne sai si la necessité pressante & le danger où nous nous trouvâmes pourra justifier notre action, & si nous ne sommes que la cause innocente de la perte que le Capitaine Indien a pû faire dans cette occasion. Nous lui demandâmes en le quittant s'il esperoit retrouver son Vaisseau, mais il ne répondit rien, & la vieille femme, plus sensible à l'offense qu'elle avoit reçûe qu'à la maniere obligeante dont nous en avions usé dans la suite avec elle, garda un profond silence, soit qu'en effet el-

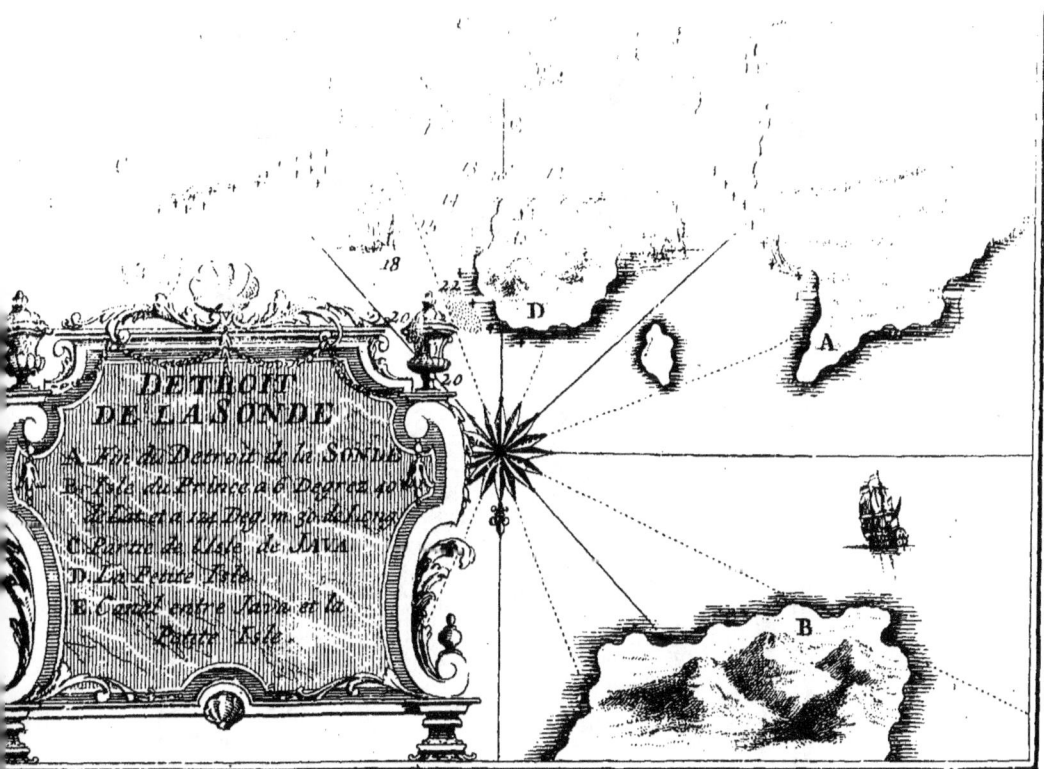

DETROIT
DE LA SONDE

A Fin du Detroit de la SONDE
B Isle du Prince à 6 Degrez 20 M.
de Lat. n'a 14 Deg. m 36 de Long.
C Partie de l'Isle de JAVA
D La Petite Isle
E Canal entre Java et la
Petite Isle

DÉTROI
DE LA SON

A. Fin du Detroit d.
B. Isle du Prince a b
   de Lon et a 124 Deg. n
C. Partie de l'Isle de
D. La Petite Isle
E. Canal entre San
      Petite Isle

elle craignît la perte du Brigantin, foit
que pour fe vanger de nous elle voulût
fe fervir de nos propres remords ; car elle avoit bien pu remarquer que nous é-
tions mortifiés de leur embarras. Quoiqu'il en foit, notre Vaiffeau appareilla
dès que nous fûmes de retour.

Je ne vous dirai rien, Monfieur, de l'Ifle
Sumatra, elle eft aujourd'hui trop con-
nue par les Relations que les Hollandois
en ont fait, & par le fameux Royaume
d'Achem qui en eft la plus riche partie.
On la met au nombre des plus grandes
Ifles de l'Ocean. Elle forme trois Dé-
troits confiderables ; vers le Septentrion
celui de *Malaca*, avec la terre de *Malaya* ; à l'Orient, celui de *Banca*, avec
l'Ifle de *Banca* ; au Midi, celui de la
Sonde, avec l'Ifle de *Java*.

Vers le foir nous jettâmes l'ancre à 6.
braffes de profondeur, ayant l'Ifle de
Lucipara à l'*Eft* $\frac{1}{4}$ de *Nordoueft*, à trois
lieues de diftance.

Le 18. nous mîmes à la voile, & à la
pointe du jour on envoya la Chaloupe
avec un Pilote pour fonder fur le banc
de fable qui entoure l'Ifle de *Lucipara*.
Ce banc fe trouva beaucoup plus loin de
Sumatra, & plus près de *Lucipara* qu'il

B 5 n'eft

n'eſt marqué ſur les Cartes : mais cette
erreur n'eſt pas un deffaut qu'on puiſſe
reprocher aux Geographes, & il vaut
mieux marquer le danger plus proche afin
de reveiller la prudence des Pilotes. On
trouva trois braſſes & demie de profondeur ſur les açoves de ce banc. Nous
ſuivions toûjours notre Chaloupe qui na-
viguoit à un quart de lieue devant nous,
le Pilote marquant avec un Drapeau le
nombre des braſſes de profondeur qu'il
trouvoit en ſondant.

Nous naviguâmes juſqu'à midi à la
diſtance d'une lieue de *Sumatra*. Nous
gouvernâmes enſuite au Sud, & au S $\frac{1}{4}$
SO. à la faveur d'un vent d'*Eſt*. La
Chaloupe revint à bord, & le Pilote rapporta que dans toutes ſes ſondes il n'avoit
pas trouvé moins de ſix braſſes d'eau à
une lieue de diſtance de *Sumatra*, ce qui
doit engager ceux qui voudront entrer
dans le Détroit de *Banca*, ou en ſortir
par cet endroit, à ranger plûtôt *Sumatra* que *Lucipara*. On obſerva la latitude qui fut meridionale de trois degrez
24. minutes. Nous faiſions route au
SO $\frac{1}{4}$ S. & le Pilote ayant averti que le
fond étoit diminué de deux braſſes, on
gouverna au SSE. le fond ayant encore
dimi-

diminué, on mit le Cap au *Nord* $\frac{1}{4}$ *Nord'*
Eſt pour ne pas tomber ſur un banc de
ſable, qui eſt au large de l'Iſle *aux grands*
Arbres, ainſi nommée à cauſe de pluſieurs Arbres très-hauts qu'on apperçoit
de fort loin. Il eſt certain que ce banc
eſt beaucoup plus au large de cette Iſle
qu'il n'eſt marqué ſur les Cartes. Il faut
même que les courans portent au Sud
avec une rapidité étonnante, puiſque,
ſelon notre eſtime, nous penſions n'avoir
fait que 7. ou 8. lieues depuis *Lucipara*
juſqu'à l'Iſle *aux grands Arbres*, & cependant les Cartes marquent 18. lieues
de diſtance. Un grain nous obligea de
continuer la route au Nord, à la ſonde
de 7. braſſes. Une heure après nous
virâmes de bord, & fîmes route au S.
E & puis au S. $\frac{1}{4}$ SO. juſqu'à l'occur-
rence de 8. braſſes. L'air étoit chargé
de nuages qui ſembloient menacer d'un
orage prochain. La nuit s'avançoit,
& l'obſcurité ne permettant plus de faire
route, nous jettâmes l'ancre pour attendre le jour.

Voilà un détail bien ennuyeux, Monſieur, & je ne ſai comment je m'y ſuis
engagé, ſurtout en écrivant à une perſonne qui eſt trop ſage, & trop amie de

ſon

ſon repos pour naviguer jamais dans ces Mers. J'aurois ſupprimé toutes les cir-conſtances de ce Voyage, ſi je n'avois fait reflexion que je ne ſuis pas aſſez mal-heureux pour être le ſeul curieux qui ſoit au monde, & que cette Relation pour-ra peut-être un jour ſervir à quelqu'un de vos amis, qui aura la curioſité de vou-loir voir ces mêmes Mers dont je vous entretiens. Quant à moi je benis le Sei-gneur, en vous écrivant, de m'avoir préſervé de tant de dangers, dont le ſouve-nir ne cauſe qu'un plaiſir rempli d'amer-tume.

Le 19. nous levâmes l'ancre, & nous fîmes route à l'E. N. E. ou plûtôt le calme nous empêcha de tenir aucune rou-te certaine. Nous apperçumes un Vaiſ-ſeau aſſez près de nous qui étoit démâté de ſon grand mâts. A neuf heures du matin le vent ſe leva du côté du Nord, & nous gouvernâmes pendant tout le jour au S. S. O. & au SO. ¼ S. Dans le tems qu'on obſervoit la latitude, les Sen-tinelles virent une Iſle à 9. lieues de diſtan-ce, laquelle ne pouvoit être qu'une des deux Iſles qu'on appelle *les deux Sœurs*, ou *las Hermanas*. La latitude étoit de 5. degrez 21. minutes. Dorénavant

tou-

toutes les latitudes feront méridionales.

Vers le foir le vent ceffa entierement : nous étions alors par le travers des deux Ifles *las Hermanas*, & nous en paffâmes de fi près, à la faveur du courant, que nous euffions pû y jetter une pierre. Ce ne font, à proprement parler, que deux petits Rochers couverts d'arbres; il n'y a point d'écueils à craindre quand on paffe entre ces Ifles & *Sumatra*, mais il faut éviter de paffer au large, c'eft-à-dire à l'*Eft*, à caufe de plufieurs Vigies & autres Roches dangereufes qui font à fleur d'eau. Les courans porterent toûjours au Sud. Nous jettâmes l'ancre à minuit, & nous n'aurions pas même ofé faire voile fi long-tems fi la Lune ne nous avoit été favorable.

Le 20. on leva l'ancre au lever du Soleil, & on fit route au SO. & au SSO. en confervant la fonde depuis 7. jufqu'à 11. braffes de profondeur. Nous vîmes bien-tôt la terre de tous côtez, c'eft-à-dire toute la Côte Orientale de l'Ifle *Sumatra* à ftribord, (pour me fervir des termes du métier) plufieurs Ifles à babord, & l'Ifle de *Java* devant nous. Cette partie de l'Ifle *Sumatra* eft fort

B 7

mon-

montagneuſe. Il y a une montagne ron-
de dont le ſommet ſe termine en pyramide, laquelle dénote l'entrée du Détroit *de la Sonde.* Nous obſervâmes
que la diſtance, depuis les Iſles *las Hermanas* juſqu'à ce Détroit, n'eſt pas ſi
grande que les Cartes la marquent. Nous
vîmes bien-tôt auſſi l'Iſle appellée par les
Hollandois *la grande Toque,* parce qu'elle reſſemble à un bonnet Flamand. Cette
Iſle ſert encore à reconnoître l'entrée du
Détroit. Les vents étoient ſi foibles &
ſi variables, qu'il n'y avoit que les courans qui nous faiſoient avancer; mais de
peur qu'ils ne nous jettaſſent ſur *la grande Toque,* nous mouillâmes à une demie
lieue de diſtance de cette Iſle, à 45. braſſes de profondeur. On envoya deux Pilotes pour ſonder autour de cette Iſle, &
je m'embarquai avec eux pour la voir de
plus près. Nous en fîmes le tour ſans
oſer y deſcendre, parce que le rivage
nous parut être bordé d'écueils, & qu'il
étoit à craindre que notre Canot ne s'y
briſât. Nous nous en approchâmes
néanmoins de ſi près, qu'un homme un
peu alerte auroit pû y ſauter. La Lune
étant pleine, nous pûmes voir fort diſtinctement les arbres de cette Iſle, qui
for-

forment, avec leurs branches, un berceau naturel, dont la forme extérieure, par l'inégalité du terrain, eſt convexe, & donne à cette Iſle la figure d'une toque. Son circuit eſt d'environ 400. pas. Il n'y a aucun écueil à craindre à un jet de pierre du rivage, & on y trouve 30. braſſes de profondeur. Un Vaiſſeau ſurpris par le calme ne doit pas balancer à jetter l'ancre à l'embouchure du Détroit, parce que les courans le porteroient infailliblement ſur cette petite Iſle.

Etant ſi voiſins de Batavia, il étoit aſſez naturel que nous allaſſions relâcher dans un Port où l'abondance regne, & que ſon commerce rend le plus riche & le plus beau Port des Indes Orientales ; cependant nous n'eûmes pas même la penſée d'y aborder, dans la crainte que les Hollandois, Nation jalouſe de ſon commerce, ne cherchaſſent à nous faire quelqu'inſulte. Ils ne ſouffrent qu'avec peine que les autres peuples de l'Europe entreprennent le paſſage du Détroit de la Sonde. Ils ſe ſont acquis un Empire ſi redoutable dans ces Mers, qu'ils croyent pouvoir tout y commettre impunément. Je me ſuis étonné cent fois que les François,

çois, les Anglois, les Espagnols, les
Portugais n'ayent point encore cherché
à se vanger des injures qu'ils ont reçûes
de cette ambitieuse Nation, & qu'ils
ayent souffert qu'elle soit devenue si
puissante. En effet, les Hollandois,
après avoir chassé les Portugais & les
Espagnols de la plûpart de leurs Colo-
lonies, surtout des Isles Moluques, du
Détroit de *Malaca*, & de l'Isle de *Ceylan*, se sont rendus les maîtres, & les
seuls arbitres du commerce des Epice-
ries, & se sont fortifiez d'une maniere
qu'il seroit presqu'impossible aujourd'hui
de les chasser de leur conquête, à moins
que toutes les Puissances que je viens de
nommer ne se liguassent pour en venir à
bout. Ce commerce immense rend cette République formidable à ses voisins,
& lui fait usurper le titre de maîtresse de
l'Ocean Indien.

Nous aimâmes donc mieux aller chercher du secours parmi les Barbares, que
d'en mandier à des Peuples si peu traita-
bles. Le 22. nous filâmes notre Cable
au point du jour pour profiter d'un le-
ger vent du Nord, & notre Chaloupe
resta pour lever l'ancre. Ce vent ne dura gueres, mais les courans supléèrent à
son

fon deffaut, & nous pouſſerent avec rapidité dans le Détroit. On obſerva à midi la latitude qui fut de 6. degrez 15. minutes. Les vents s'étant levez enſuite vers le N. N. E. nous ſerrâmes nos voiles pour attendre notre Chaloupe qui tardoit un peu à nous joindre : cependant nous pouvions voir diſtinctement le rivage de l'Iſle de *Java*, & les habitations des Javanois, qui ſont ſituées ſur le Côteau des Montagnes, & dans les Vallées, ce qui forme un Païſage agréable, Nous vîmes des Campagnes fort vaſtes, & des Champs plantez de Ris, dont la recolte étoit prochaine, autant que nous en pûmes juger par la couleur jaune des épis. Les Montagnes ne paroiſſent pas fort hautes du côté du détroit, mais elles ſont couvertes d'arbres vers leur cime, & le Côteau eſt défriché & cultivé avec beaucoup de ſoin. Notre Chaloupe étant arrivée au coucher du Soleil, nous jettâmes l'ancre peu de tems après, n'oſant pas faire voile pendant la nuit.

Le voiſinage de la terre excita ma curioſité. Je m'embarquai dans le Canot à 9. heures du ſoir avec trois Officiers & autres paſſagers, à deſſein d'aller chercher

cher à terre des herbages pour nos Bestiaux, & faire la pêche de la Tortue. Ce petit ouvrage ne fut pas heureux : les éclairs, la pluye & l'orage nous ayant mis au risque de périr, nous entrâmes dans une petite Baye qui a une lieue de longueur d'un cap à un autre, où nous trouvâmes la mer moins agitée, mais le rivage étoit bordé d'un banc de roches, & nous eûmes beaucoup de peine à trouver un lieu propre à débarquer. L'air étant devenu plus serein, & la Lune ayant dissipé les nuages & les ténebres, nous trouvâmes un petit Havre où nous entrâmes par un Canal bordé des deux côtez de roches & d'écueils. La mer y étoit tranquille, & nous descendîmes à terre avec assez de facilité. A peine étions-nous sur le rivage, qu'une terreur panique s'empara de nos esprits, & faillit à nous faire rentrer avec précipitation dans notre Canot. Nous apperçûmes sur le sable des traces recentes de plusieurs animaux que notre imagination nous fit prendre pour des traces de Lions & d'autres bêtes de cette espece dont nous savions que cette Isle étoit pleine. Nous nous encourageâmes les uns & les autres, & chacun eut honte de sa frayeur. Nous
né-

nétoyâmes nos armes, & nous nous mîmes en état de nous défendre contre les
attaques des hommes & des bêtes. Nos
Mariniers allumerent un grand feu : nous
fechâmes nos habits, & quelques bouteilles de vin que nous avions apportées,
nous donnerent des forces nouvelles & un
nouveau courage.

Il y avoit fur le rivage un bois fort
épais, au milieu duquel couloit un ruiffeau dont l'eau étoit fade & fomache à
caufe du voifinage de la mer. Nous aurions voulu trouver une eau plus douce
pour nous rafraichir, & pour nous faire
perdre le mauvais goût de l'eau corrompue que nous buvions depuis fix femaines : mais pour en avoir, il falloit re-
monter le long de ce ruiffeau & pénetrer
dans le bois, & c'eft ce qu'aucun de nous
n'ofoit faire de peur de reveiller quelque
animal hargneux. La crainte nous rendit fages, & nous fit même oublier notre foif. D'ailleurs nous entendions un
bruit fi étrange dans ce Bois, qu'il auroit fallu être le frere aîné de Don
Quichotte pour vouloir tenter l'avanture.

Ceux qui n'étoient point armez s'embarquerent dans le Canot pour pêcher,

tan-

tandis que nous reſtâmes à terre pour examiner ſi parmi les traces des animaux qui
étoient imprimées ſur le ſable, nous
pourrions en trouver quelques-unes de
Tortues. Notre recherche fut auſſi inutile que le travail de nos Pêcheurs qui ne
purent prendre aucun poiſſon, quoique
nous euſſions reconnu à pluſieurs marques que cette Baye étoit fort poiſſon-
neuſe. Nous remplîmes notre Canot
d'herbages & de feuilles d'arbres, & nous
rejoignîmes notre Vaiſſeau.

Il n'y a point de doute que cette partie de l'Iſle de *Java* ne ſoit habitée, &
nous avions vû, comme je vous l'ai déja
dit, pluſieurs habitations, & des Villages même aſſez grands : cependant nous
n'apperçûmes perſonne dans cette Baye,
ni aucunes traces d'hommes. Les Hollandois qui ſe ſont rendus maîtres de la
plus grande partie de *Java*, où ils ont
les Villes & Fortereſſes de Batavia & de
Bantam, qui ſont comme le rendez-vous
de tous les Vaiſſeaux des Indes Orientales ; les Hollandois, dis-je, abordent
quelquefois à ces Côtes, & enlevent les
Beſtiaux des Javanois, ainſi ces Inſulaires ſont toûjours ſur leurs gardes, & ſi-
tôt qu'ils voyent un Vaiſſeau, ils retirent

rent leurs troupeaux des Côtes de la Mer, & les conduifent vers les montagnes. Je fuis perfuadé que la vûe de notre Vaiffeau leur avoit fait craindre quelque traitement femblable.

Le 23. nous mîmes à la voile, faifant route à *Oueft* $\frac{1}{4}$ *Sud' Oueft* à la faveur d'un vent de *Nord' Eft*. A midi nous reconnûmes l'Ifle *du Prince*, & la derniere pointe de l'Ifle de *Java*, où finit le détroit de la Sonde.

Nos Inftructions portoient qu'il falloit relâcher à l'Ifle *du Prince* pour y faire de l'eau, mais ayant confideré que cette Ifle étoit inhabitée, nous aimâmes mieux relâcher à une petite Ifle qui n'eft féparée de *Java* que par un bras de mer peu large, parce que la difette d'eau n'étoit pas le feul de nos befoins, & que nous manquions encore de légumes, de ris, &c. De plus nous efperâmes qu'un Païs qui nous paroiffoit fi fertile & fi abondant, pourroit pourvoir à toutes nos neceffitez.

On jetta l'ancre à une demie lieue de cette petite Ifle à 20. braffes de profondeur, & à une lieue de diftance de *Java*. On arma la Chaloupe & le Canot pour aller chercher le long de l'Ifle

de

de *Java* une Aiguade facile. Les Officiers eurent ordre de parler avec les Indiens, en cas qu'ils en rencontraſſent quelques-uns, & de les engager par des manieres douces & affables à trafiquer avec nous. Une heure après avoir jetté l'ancre, nous vîmes pluſieurs Bateaux qui traverſoient un petit Canal qui eſt entre *Java* & la petite Iſle. Je m'étois embarqué dans la Chaloupe : l'expérience du paſſé nous fit tenir ſur nos gardes, & le moindre Matelot étoit armé. Le Canot alla à l'Iſle de *Java*, où l'on ne pût trouver de lieu propre à faire de l'eau, à cauſe des rochers qui bordoient le rivage. L'eau tomboit du haut d'une montagne, comme par caſcades : mais la difficulté d'aborder au rivage, & de rouler les futailles juſqu'à une élevation où l'eau avoit creuſé un large baſſin, fit réſoudre l'Officier à retourner à bord du Vaiſſeau pour faire rapport de ce qu'il avoit trouvé.

Pour nous nous entrâmes avec la Chaloupe dans le Canal, & nous deſcendimes dans la petite Iſle avec beaucoup de facilité. Nous vîmes d'abord cinq ou ſix Cabannes ſemblables à celles de nos Pêcheurs, d'où ſortirent quelques Indiens

diens a demi nuds. Les uns portoient
un *Cric*, ou poignard à leur ceinture ; les
autres étoient armez d'une longue lance.
Ils nous reçûrent assez bien en apparence, & de notre côté nous leur fîmes bien
des caresses. Néanmoins nous connûmes qu'il ne seroit pas facile de traiter
avec eux à cause de leur défiance. Ils
nous firent comprendre par signes que
leur petite Isle étoit déserte, & que
nous n'y pourrions trouver ni ris, ni
Bestiaux, ni volailles, & qu'ainsi il étoit
inutile de vouloir pénétrer plus avant :
que du côté de *Java* nous trouverions
un peu de ris, & peut-être quelques
Bœufs : que nous y ferions de l'eau fort
aisément à l'embouchure de cinq ou six
petites Rivieres qui se jettoient dans le
Canal. Tout ce discours ne tendoit
qu'à nous détourner du dessein d'entrer
dans la petite Isle où ils avoient (comme
nous le fûmes ensuite) leurs habitations,
leurs femmes & leurs enfans. Ils font
dans une continuelle appréhension que
les Hollandois ne les enlevent & ne les
rendent esclaves. La peur, & peut-être
l'expérience leur fait croire que tous les
Peuples blancs sont Hollandois*.

Nous

* Ceux de la terre de Java avoient même choisi
cet-

Nous ne voulûmes point aller plus avant de peur de les mécontenter. Nous les régalâmes de mouchoirs de coton, & ils parurent si satisfaits de nos caresses, que nous nous flattâmes qu'ils se familiariseroient dans la suite avec nous.

Nous traversâmes le Canal pour aborder dans l'Isle de *Java*. Nous y trouvâmes en effet cinq Rivieres, comme les Indiens nous l'avoient dit, dans l'espace de 500. pas; mais quoique ces cinq Rivieres soient assez larges, je crois que ce sont cinq bras de la même Riviere, & qu'elles sortent toutes de la même source. Le Canal ou détroit a un quart de largeur. Du côté de la petite Isle il y a 12. ou 15. brasses de profondeur. Son rivage est coùvert de coquillages curieux, & de diverses couleurs. Du côté de *Java* il y a un banc de sable qui s'étend jusqu'à la moitié du Canal, ainsi le passage est assez étroit, & un Vaisseau ne le doit tenter que dans un extrême besoin. Nous laissâmes six hommes dans la Chaloupe avec leurs armes pour se défendre, en cas que les Indiens vou-
lus-

cette Isle comme un azile, ne croyant pas que nous voulussions y aborder.

lussent former quelque entreprise con-
tr'eux. On leur défendit sur tout de
mettre pied à terre, sous quelque pré-
texte que ce fut. Nous partîmes ensuite au nombre de douze pour aller chercher une aiguade.

L'eau de toutes ces Rivieres étoit so-
mache, & ne pouvoit absolument nous
servir. Nous marchâmes le long du rivage, & nous traversâmes assez aisément
quatre Rivieres, en portant nos fusils
sur nos têtes. Au passage de la derniere, nous vîmes à l'autre bord une troupe d'Indiens qui sembloient tenir conseil
entr'eux. Nous fîmes halte, & nous
les invitâmes à nous venir trouver, en
leur montrant des Mouchoirs de Coton.
Ils nous firent les mêmes signes, & nous
inviterent à passer la Riviere. Il y avoit
du risque à l'entreprendre, parce qu'outre qu'elle étoit profonde, ils pouvoient
encore nous attaquer dans ce passage, si
le resultat de la conference qu'ils avoient
eue ensemble nous avoit été peu favorable. Cependant l'esperance de trouver
par leur moyen une aiguade facile, nous
fit résoudre à marcher vers eux. Six
dés nôtres traverserent la Riviere, tandis que le reste observoit la démarche de

Indiens qui étoient de l'autre côté du rivage, d'où il étoit facile de les repouſ-
ſer à coups de fuſil s'ils attaquoient les nôtres à la ſortie de la Riviere. Nos ſix hommes furent à peine à l'autre bord, que les Indiens épouvantez prirent la fuite, & ſe retirerent dans le bois. Pour ne point augmenter leur frayeur, nous ne voulûmes point les pourſuivre, ni nous engager plus avant, d'autant plus que la nuit approchoit, & que nous crai-gnîmes d'être attaquez au paſſage des autres Rivieres qu'il nous falloit abſolu-ment traverſer.   Ce rivage étoit cou-vert d'herbes fort hautes, où les Indiens pouvoient nous dreſſer des embuches, ſe cacher, & nous ſurprendre. Nous nous preſſâmes donc d'arriver au lieu où nous avions laiſſé notre Chaloupe, & nous y trouvâmes une nouvelle troupe d'Indiens, qui furent ſurpris de notre arrivée, parce qu'ils ne nous avoient point apperçûs, ayant toûjours marché derriere les herbages dont tout le rivage étoit couvert depuis la Mer juſqu'au Bois. Les Matelots de la Chaloupe nous dirent que ces Indiens les avoient voulu engager à deſcendre à terre, mais qu'ils n'avoient oſé le faire de peur de
ſur-

furprife, & à caufe des ordres que nous leur avions donnez. Nous careffâmes ces Indiens, & on leur donna du Tabac & des Mouchoirs de Cotton, de forte que voulant témoigner leur reconnoiffance, en nous faifant auffi quelques prefens, ils monterent au haut des Palmiers, dont il y avoit un fort grand nombre fur le rivage, & cueillirent plufieurs Cocos à demi mûrs, & pleins d'une liqueur douce & agréable.

Si je voulois, Monfieur, faire ce que font tous les Voyageurs dans leurs Relations, je ferois ici l'éloge du Coco. Je rapporterois toutes fes proprietez, dont la principale, & qui renferme toutes les autres, eft de fournir à tous les befoins de la vie; mais je vous renvoye aux Hiftoires & aux Relations des Hollandois, & generalement de tous les Voyageurs qui ont écrit des Indes. Les louanges outrées qu'on donne à ce fruit lui ont fait tort dans mon opinion, & s'il fournit à tous les befoins de la vie, ce fera fans doute aux befoins d'un Singe ou d'un Hermite.

Cependant les Matelots firent provifion de ce fruit pour en donner à ceux du Vaiffeau, qui depuis long-tems ne buvoient qu'une eau fade & corrompue:

on

on coupa aussi des herbages pour les Bestiaux, & nous nous separâmes des Indiens, après leur avoir fait cent caresses.

Quoique ce Païs soit arrosé de Rivieres, & planté d'arbres de toutes especes, nous n'avions néanmoins pû trouver d'aiguade ni de lieu propre à couper du bois, parce qu'il auroit fallu le transporter trop loin, & qu'on vouloit ménager la santé des Matelots qui avoient beaucoup souffert dans la derniere Navigation : Navigation d'autant plus laborieuse, qu'il avoit fallu presque tous les jours jetter & lever l'ancre.

On avoit envoyé le Canot du Vaisseau pour nous avertir que sur la Côte de l'Isle de *Java* on avoit trouvé de l'eau excellente à la verité, mais trop difficile à embarquer, & qu'ainsi il falloit absolument trouver une autre aiguade où il y eût moins de danger & de peine. Cet avis nous obligea de passer une seconde fois à la petite Isle, où nous descendîmes d'un côté opposé à celui où nous avions déja pris terre, & situé directement devant la rade, où notre Vaisseau étoit à l'ancre. Nous y trouvâmes heureusement une petite Riviere dont l'eau étoit douce & facile à embarquer, & un
bois

bois aifé à abattre. Nous portâmes ces
bonnes nouvelles à bord du Vaiffeau, où
il fut réfolu de commencer dès le lendemain à remplir nos Futailles. Mais comme on avoit remarqué que les Indiens
avoient encore peu de confiance en nous,
l'Officier eut ordre d'empêcher les Matelots de fe debander & de pénetrer dans
la petite Ifle.

Le 24. la Chaloupe partit au lever du
Soleil, & fit fix voyages dans la jour-
née. On coupa beaucoup de bois, &
bois, & les Matelots, chofe étonnante,
fuivirent ponctuellement les ordres qu'ils
avoient reçûs. Les Indiens de la petite
Ifle s'affemblerent, & envoyerent d'a-
bord de petits enfans pour juger, par la
reception qu'on leur feroit, de ce qu'ils
devoient craindre ou efperer. Le bon
accueil qu'on leur fit les engagea à venir eux-mêmes trouver nos Mariniers;
ils apporterent des œufs, des Poules, des
Tourterelles, des Biches qui font de la
groffeur d'un Lievre, & que ces Indiens
attrapent à la courfe.

Le Canot partit à dix heures du matin, & nous nous armâmes encore mieux
que le jour précedent. Nous prîmes
terre à l'embouchure de la derniere Riviere

viere de *Java*, où nous avions trouvé
les Indiens. Nous allâmes à la Chaſſe
ſans nous écarter beaucoup du rivage. Il
y a dans cette Iſle un nombre infini de
Tourterelles de couleurs differentes. Il
y en a de vertes avec des taches noires
& blanches, de jaunes & blanches, de
blanches & noires, & une eſpece dont
la couleur eſt cendrée. Leur groſſeur
eſt auſſi differente que leurs couleurs
ſont variées. Les unes ſont de la groſſeur d'un Pigeon, les autres ſont plus
petites qu'une Grive.

Il y a auſſi des Singes qui vont par
bandes, & qui ſautent d'arbres en arbres, des Ecureuils, des Sapajoux, des
Paons, des Poules *pintadas*, des Hupes,
des Herons, des Grives, des Merles,
des Colibris, & pluſieurs autres Oiſeaux dont j'ignore les noms. Je vis
auſſi des Lezards qui voloient d'arbres
en arbres comme des Cigales, & en
ayant tué un, j'admirai la varieté des
couleurs dont ſon corps étoit tiſſu. Il
étoit long d'un pied, & il avoit quatre pattes comme les Lezards ordinaires : ſa tête étoit platte & percée au
milieu, enſorte qu'on auroit pû y paſſer une aiguille ſans l'offenſer : ſes ailes
étoient

étoient fort déliées, & reſſembloient aux ailes du Poiſſon volant : il y avoit autour de ſon col une eſpece de fraiſe ſemblable à celle que nos Cocqs ont audeſſous du goſier. J'eſperois conſerver un animal ſi rare, mais la chaleur le corrompit avant la fin du jour. Il y a auſſi dans cette Iſle des Oiſeaux *du Paradis*, qui ſont fameux par la beauté de leur plumage, mais il eſt malaiſé de les atteindre, c'eſt le Renard des Oiſeaux.

Les Indiens oſerent enfin ſe joindre à nous. Ils nous apporterent des œufs & des Poules que nous fîmes cuire dans des pots de terre qu'ils nous prêterent. Nous leur offrîmes de nos ragoûts, mais ayant refuſé d'en manger, nous eûmes peur qu'ils n'euſſent empoiſonné leurs pots de terre, & nous n'oſions manger ce que nous avions aprêté. Je me ſouvins alors que j'avois lû dans des Relations Hollandoiſes que les Javanois ſont Mahométans, & qu'un des des Articles principaux de leur Loi leur défend de manger avec des perſonnes que la diverſité de Religion leur fait regarder comme impures. Je fis part de ma reflexion à mes amis. Mes

C 4

cxexhortations, mon exemple, & plus que tout encore, leur appétit vainquit leur répugnance.

Après le repas, on se mit à pêcher; nous avions apporté une Senne que nous tendîmes sur le banc de sable du Canal. Nous prîmes des Poissons de toute espece, & des Tortues de mer, qui, contre notre attente, se trouverent enveloppées dans nos filets. Cette pêche nous réjouït beaucoup, & nous résolûmes de la continuer, & de faire bonne provision de Tortues pour la navigation que nous allions entreprendre. Ce Poisson est une manne excellente, parce qu'il se nourrit pendant six mois de sa propre substance, & qu'il ne cause aucun embarras dans un Vaisseau.

La Tortue est un animal amphibie. La femelle va toutes les nuits pondre ses œufs sur le rivage, & se retire au matin dans la mer. Quoiqu'elle fasse un nombre presqu'infini d'œufs, il est rare néanmoins qu'elle puisse d'une couvée conserver plus de quatre ou cinq petits, encore que le Soleil les fasse tous éclorre; car lorsque toutes ces petites Tortues se sont retirées dans la mer elles surnâgent, & ne peuvent aller au fond,

les

les Oiseaux de mer les enlevent & les brisent en les laissant tomber sur des rochers, de la même maniere que les Corneilles brisent les coquillages sur les Côtes maritimes de Bretagne.

On prend aussi quelquefois la Tortue de mer sur terre, c'est-à-dire, lorsqu'elle y va pondre ses œufs. On examine ses traces sur le sable, & on la suit à la piste. Si-tôt qu'elle entend le bruit, elle court (mais comme une Tortue telle qu'elle est) vers le rivage: alors on lui coupe le chemin de la mer, & on essaye avec des harpons de la tourner sur le dos. Il ne faut pas la poursuivre de près, parce qu'elle jette avec ses nageoires une si grande quantité de sable, qu'on pourroit en être aveuglé.

Quant aux autres Poissons que nous pêchâmes, il y en avoit qui ressembloient à nos Turbots, à nos Vives & à nos Merlans, mais j'en vis plusieurs autres pour la premiere fois. Il n'est gueres possible de faire une pêche plus abondante; nous prîmes en trois coups de Senne sept Tortues & plus de deux cens autres gros Poissons. Les Indiens étoient tellement devenus nos camarades, qu'ils nous aidoient à tendre & à tirer nos filets.

Ils ne témoignoient plus de défiance, &
la franchise de notre procedé les engagea
à porter leurs denrées, comme ris, Poules, œufs & legumes jusqu'à notre Vaiffeau. Nous nous tenions cependant fur
nos gardes, & quoiqu'à notre langage
& à nos manieres d'agir avec eux, ils
euffent reconnu que nous n'étions pas
Hollandois, nous crûmes qu'il ne falloit pas tout-à-fait nous abandonner à
une confiance témeraire & imprudente.

Nous portâmes avec nos provifions
l'allegreffe dans notre Vaiffeau, où la
bonne chere fit oublier les fatigues paf-
fées, & étourdit les efprits fur les dangers à venir. Duffiez-vous, Monfieur,
me traiter de Pédant ridicule, je com-
parerai, ne vous déplaife, nos fept Tortues aux fept Cerfs que le pieux Enée
diftribua à fa Flotte, & je dirai de nos
Matelots ce que dit Virgile * des Troyens.

Ili fe prædæ accingunt, dapibufque futuris:
Tergora diripiunt coftis, & vifcera nudant;
Pars in frufta fecant, verubufque trementia figunt

. . . .

Tum victu revocant vires.

Le 25. la pêche de la Tortue fut encore

* Æneid. Lib. 1. v. 214.

core plus abondante : on en prit 16. a-
vant le lever du Soleil. J'allai avec cinq
ou six amis à la Chaffe, & nous ofâmes
nous écarter du rivage & entrer dans le
Bois, tandis que les Indiens devenus
auffi plus hardis, s'embarquerent dans
leurs Pirogues pour aller à notre Vaiffeau
Nous n'eûmes pas fait plûtôt cent pas
dans le bois, que nous trouvâmes un
Village divifé en deux grandes rues ti-
rées au cordeau. Les maifons étoient
uniformes, bâties à une égale diftance,
& à une même élevation de terre. Elles étoient foûtenues chacune fur huit
Piliers de bois haut de 10. ou 12. pieds.
Le toît étoit plat & carré, & reffem-
bloit à l'Imperiale d'un Caroffe. Entre
chaque maifon on avoit planté un arbre
qui couvroit le toît de fes branches, &
qui prêtoit un ombrage frais & neceffaire fous un climat auffi brûlant que celui-
là. Au milieu de chaque rue, il y a-
voit une efpece de Halle, ou un Logis
carré & ouvert de tous côtés, dont le
toît étoit foûtenu par quatre gros piliers. Quatre arbres plantez aux quatre angles de ce Bâtiment, formoient une
fymmétrie parfaite, & rendoient le fejour de ce Village riant & aimable.

Les

Les Indiens, que notre fejour dans cette Ifle avoit fans doute épouvantez, avoient pris la fuite ; ce Village étoit defert, & les maifons, d'où ils n'avoient rien enlevé, étoient ouvertes. Elles confiftoient dans une petite Chambre carrée : une table, des Nattes, des Hamacs, des Métiers de Tifferans compofoient tout l'ameublement. Nous ne dérangeâmes rien, afin de leur faire connoître que nous cherchions à trafiquer avec eux de bonne foi, fans avoir deffein de leur faire aucun tort. Nous parcourûmes tout ce Village de l'un à l'autre bout. Nous trouvâmes au dehors une maifon plus grande & plus élevée que les autres, & nous jugeâmes que ce devoit être la Mofquée de ces Peuples, ayant déja reconnu à plufieurs marques qu'ils étoient Mahométans. On montoit à cette Mofquée par une échelle, & la curiofité nous ayant fait entreprendre d'y monter, nous laiffâmes quatre de nos gens en fentinelle aux deux Avenues du Village, pour nous avertir, au cas que les Indiens paruffent, parce qu'ils auroient été plus fenfibles à la profanation de leur Mofquée qu'à toute autre injure.

L'in-

L'interieur de cet Edifice étoit un espace carré, dans lequel on voyoit à la partie Orientale une Chaire semblable à celle de nos Prédicateurs, & couverte d'un Tapis de toille de Cotton. Il y avoit une fenêtre aux quatre côtez, & une table auprès de chaque fenêtre. Je trouvai sur une de ces tables plusieurs papiers écrits en Caracteres Arabes, cousus les uns avec les autres, ce qui me fit juger que ce pouvoit être des feuillets de l'Alcoran. Malgré la convention que nous avions faire entre nous de ne rien prendre, je ne pûs resister à la tentation d'emporter quelques-unes de ces feuilles, les unes pliées en forme de Livre, les autres roulées dans des Cannes de bois de Banbouc. Tandis que nous faisions un examen curieux des differentes choses qui étoient dans cette Mosquée, nos Sentinelles avertirent qu'ils entendoient du bruit. Nous sortîmes promptement de ce lieu, & nous allâmes à la rencontre de 5. ou 6. Indiens qui venoient par un chemin couvert de broussailles. Notre présence les effraya, & ils prirent la fuite. Nous pénétrâmes encore plus avant dans le bois, & nous trouvâmes un autre Village si ressemblant au premier,

C 7

que

que nous crûmes d'abord que c'étoit le même, y ayant remarqué les mêmes particularitez que dans l'autre.

Quoique l'épaisseur du bois ne permette pas d'étendre la vûe fort loin, je ne laissai pas de remarquer que la terre étoit défrichée en plusieurs endroits, & cultivée avec assez de soin. Je n'ai jamais tant vû de Gibier : les Paons sont aussi communs dans cette Isle que les Merles le sont en France. Je remarquai sur la terre des traces de Bœufs, de Chevres, & d'Ours, & je m'imagine que les Indiens n'ont élevé leurs maisons sur des piliers que pour se mettre à l'abri de l'insulte des Bêtes féroces. La crainte de rencontrer dans notre chemin quelqu'Ours, ou quelqu'autre animal aussi peu honnête, nous fit retourner vers le rivage.

Nous y trouvâmes une troupe d'Indiens armez de longues lances, & assemblez autour d'un grand homme sec & pâle, dont le corps étoit couvert d'une longue robbe de toille grise. Il avoit autour de la tête un morceau de Mousseline en guise de Turban. Ces Indiens paroissoient écouter ce personnage brun & suranné, avec une attention mêlée de resrefpect. A quelques pas plus loin nous vîmes deux femmes fort laides; mais une femme, quelque laide qu'elle foit, caufe toûjours de la furprife & de l'émotion à des gens qui n'en ont vû depuis longtems. Pour vous, Monfieur, qui en voyez quand il vous plaît, & qui n'en voyez fans doute que de jolies, vous ne pourrez comprendre qu'une femme laide puiffe caufer de la furprife & de l'admiration ; mais fachez que tout comme un Maçon eft un homme pour une femme qui vit éloignée du commerce du monde, felon M. de la Bruyere, ainfi une Indienne camufe & de couleur de Marroquin jaune eft une femme pour un homme de mer. Nous nous montrâmes celles-ci les uns aux autres avec la main, en difant prefque tous d'une voix, *ah, voilà des femmes!* Toutes ces voix réunies n'en formerent qu'une affez forte pour épouvanter ces Indiennes, déja intimidées par nos geftes : elles fe retirerent en criant vers les Indiens, qui furpris de nous voir, fe regarderent longtams, & fembloient fe demander les uns aux autres ce qu'ils avoient à faire. Nous ne leur donnâmes pas le tems de prendre aucune réfolution ; & après avoir

fa-

falué à la maniere Mahométane celui qui
nous parut être le Chef de la bande,
nous nous mêlâmes parmi eux fans témoigner ni défiance, ni mauvaife intention. Cependant les deux femmes fe
mirent dans une Pirogue & voguerent
vers la petite Ifle, ce qui nous fit con-
jeéturer qu'elle n'étoit pas fi deferte,
que les premiers Indiens que nous y trouvâmes le jour de notre arrivée, avoient
voulu nous le faire acroire. Le Chef
de cette troupe répondit à nos civilitez
d'une maniere embarraffée & timide :
un des nôtres lui ayant offert du vin, il
en but, & fit figne d'en donner à fes
Compagnons. Je jugeai par là que le
vin eft de toutes les Religions, & s'ac-
commode même avec le Mahométifme.
Cette liqueur les ayant mis de bonne humeur, nous leur fîmes entendre que
nous fouhaitions achetter quelquesBœufs,
mais quoiqu'ils euffent bien compris notre demande, (car pour demander un
Bœuf nous contrefaifions les cris de cet
animal, or la Nature donne aux animaux
le même ton par toute la terre, & un
Bœuf ne beugle point autrement à *Java*
qu'en Poitou) néanmoins ils feignirent
de ne nous point entendre, & fe re-
tire-

tirerent l'un après l'autre dans le Bois.

Pour nous, nous fuivîmes les berds de la Mer pour rejoindre notre Chaloupe. Nous pêchâmes encore quelques Tortues, & nous embarquâmes plus de cent Cocos que les Indiens, qui avoient été à notre Vaiffeau, nous apporterent. Ils étoient fort contens de la reception que le Capitaine leur avoit fait : on leur avoit donné un Mouchoir de Cotton de trois fols pour chaque Poule, & ils paroiffoient faire beaucoup de cas de cette marchandife.

L'ufage des Cocos, loin de caufer des maladies, raffraichit notre équipage. La chaleur eft extrême fous ce climat, & je me fuis étonné cent fois que l'intempérie de l'air & les fatigues n'ayent incommodé perfonne.

Nous retournâmes à bord du Vaiffeau. La provifion d'eau & de bois étoit prefqu'entierement faite, & l'on n'attendoit plus pour partir que des volailles & du ris que les Indiens avoient promis.

Le 26. on prit la réfolution d'aller à la petite Ifle. Ceux qui les jours précedens y avoient fait de l'eau, nous avoient dit que les Indiens de cet endroit les avoient bien traitez, & les avoient mê-

même invitez à aller dans leurs habitations, qu'ils avoient apporté fur le rivage, &c. & des Nattes de Joncs travail-
lées avec beaucoup de délicateſſe ; qu'autant qu'ils avoient pû juger par le diſcours de ces Peuples, cette petite Iſle
étoit pleine de Beſtiaux & de proviſions
neceſſaires à une longue navigation.

Nous allâmes débarquer à l'aiguade de
la petite Iſle. Les Indiens étant venus
à notre rencontre, nous invitèrent à entrer plus avant dans le bois où étoient
leurs habitations. Nous les ſuivîmes
ſans crainte : nous étions vingt hommes
armez d'une maniere qu'il n'y avoit gueres d'apparence que ces Inſulaires oſaſſent
nous attaquer. Après avoir fait environ cent pas dans le Bois le long d'une
Riviere, nous trouvâmes une Plaine fort
étendue, pluſieurs habitations beaucoup
plus élevées de terre que celles que j'a-
vois vûes dans les deux Villages de l'Iſle
de *Java*. Je ne puis mieux comparer
ces habitations qu'aux Colombiers de
quelques Gentilhommieres de la baſſe
Bretagne : elles étoient ſoûtenues par
des piliers fort hauts ; on ne pouvoit y
monter que par une échelle.

Cette Iſle, qui n'a que deux lieues de
cir-

circuit, eft habitée par plus de deux
cens familles. Le Capitaine ou Commandant de ces Peuples, nous reçût
entre les piliers qui foûtenoient fa maifon (car nous ne voulûmes point monter en haut de peur de furprife). Il
nous offrit du ris cuit, des Bananes,
des Goyaves & autres fruits femblables
qui font communs dans toutes les Indes. Les femmes au premier abord nous
parurent fauvages & timides, mais elles fe familiariferent peu à peu, & elles
oferent nous parler du haut de leurs
maifons après avoir eu la précaution de
tirer l'Echelle : elles nous montroient
des Nattes, des Poules, des Perroquets,
& nous propofoient de les troquer pour
des Mouchoirs de cotton. Leur teint
eft bazanné, & elles ont les yeux petits & la bouche grande, le nez écrafé,
les cheveux noirs & longs. Elles nous
parurent vives, alertes & de bonne humeur. J'achetai quatre Biches à deffein
de les porter en France, où cet animal
feroit fans doute eftimé : il a toute la
figure d'une Biche, quoiqu'il ne foit
pas plus gros qu'un Lievre. La figure
de cet animal eft décrite fort au long
dans les Relations Hollandoifes.

Nous

Nous fîmes encore des tentatives inutiles pour avoir des Bœufs, mais les Indiens nous firent entendre qu'ils avoient retiré leurs troupeaux de l'Ifle, & qu'ils paiffoient fur les Montagnes de *Java*. Si notre Capitaine avoit voulu attendre deux ou trois jours, je ne doute point que ces peuples, qui commençoient à goûter nos manieres, & à prendre confiance en nous, ne nous euffent fourni abondamment toutes les provifions dont nous avions befoin; mais la faifon étoit avancée, & nous apréhendions toûjours de ne pouvoir doubler le Cap de Bonne Efperance, & d'être obligez de relâcher à l'Ifle de *Bourbon*. Voyant qu'il étoit impoffible d'engager ces Indiens à nous donner des Beftiaux; nous fortîmes de la petite Ifle, & nous traverfâmes le Canal pour aller à l'Ifle de *Java*, où nos Matelots avoient fait une provifion abondante de Cocos & de fourage pour les Buffles que nous avions apportez de la Chine, & qui étoient deformais toute notre reffource. Nous pêchâmes encore cinq Tortues, de forte que nous en avions 27. grandes & trois petites, une de ces Tortues fuffit à la nourriture de 30. hommes.

Avant

Avant que de retourner à bord, un de
mes amis nommé M. de Beauregard,
fils du Commandant de la Marine du
Port de l'Orient en Bretagne, m'invita
à m'aller promener avec lui dans une Pirogue des Indiens. Nous prîmes deux
Rames, & nous vogâmes vers la petite
Isle. La Pirogue étoit si petite qu'à
peine deux personnes pouvoient s'y asseoir.
Lorsque nous fûmes au milieu du Canal,
mon Compagnon fit un peu pancher la
Pirogue d'un côté, de sorte qu'ayant
voulu me rejetter de l'autre pour la tenir
en équilibre, je le fis si lourdement que
la Pirogue tourna, ensorte que nous bû-
mes l'un & l'autre l'onde amere. Nous
n'abandonnâmes point la Pirogue, qui,
quoi-qu'elle fut pleine d'eau, surnâgeoit:
nos habits nous embarrassoient, & il étoit
assez difficile de nâger, cependant nous
eûmes le bonheur de gagner le rivage en
nâgeant d'un bras, & en appuyant l'autre sur la Pirogue.

Le 27. de Mars jour de Pâques, malgré les mauvais pronostics de nos Matelots qui ne vouloient pas partir, à cause
de la sainteté de ce Jour, nous levâmes
l'ancre à deux heures après minuit, &
nous mîmes à la voile, faisant route au
Sud

Sud Sud' Oueft à la faveur d'un vent de
Nord'Eft. Je fixai le point de mon
départ à l'Ifle du *Prince*, & qui forme
l'entrée du Détroit de la Sonde, qui eft
fituée à fix degrez 40. minutes de latitude méridionale, & à 124. degrez 30.
minutes de longitude.

Notre Equipage ne manqua pas d'attribuer la tempête que nous effuyâmes
quelques jours après à un départ fi fort
contre les regles des gens de mer, prétendant que jamais Vaiffeau n'étoit parti d'un Port impunément le jour de Pâques. Il eft vrai que dans le deffein où
nous étions de paffer le Cap de Bonne
Efperance dans cette faifon, un jour de
plus étoit important ; mais il eft quelquefois, & même fouvent à propos de
donner quelque chofe aux préjugez du
vulgaire.

Quand nous eûmes entierement perdu la terre de vûe, nous apperçumes que
notre Vaiffeau étoit éveux. Le 28. le
Maître d'Hôtel avertit le Capitaine que
les futailles perdoient l'eau, qu'il s'étoit
apperçû qu'il y en avoit déja trois vui-
des, & qu'il étoit à craindre que les
Tonneaux qui étoient au-deffous, &
qui ne pouvoient être vifitez n'euffent
le

le même fort ; ainſi tandis que notre
Vaiſſeau prenoit de l'eau en abondance
par dehors, nous perdions celle que nous
avions au dedans : nous fûmes réduits à
une petite meſure d'eau par tête, ce qui
m'obligea à ſacrifier à ma ſoif tous les
animaux que j'avois pris dans l'Iſle de
Java, Biches, Tourterelles, &c. ma
ration ne ſuffiſant pas pour leur nourriture. Le 29. on obſerva la latitude qui
fut de 9. degrez 53. minutes ; la longitude de 121. degrez 36. minutes. Le
Vaiſſeau prenoit plus d'eau que jamais,
& toutes nos marchandiſes ſe gâtoient.
On ne peut naviguer ſans quelque in-
commodité. Nous avions de l'eau en
abondance en partant de la Chine, mais
les Iſles & les écueils que nous trouvions, pour ainſi dire à chaque pas, ne
nous permettoient pas un ſommeil fort
tranquille. Ces dangers étoient paſſez,
d'autres beſoins prenoient leur place. On
pompoit jour & nuit , & il n'y avoit
aucune apparence d'entreprendre le paſſage du Cap de Bonne Eſperance avec une
voye d'eau ſi conſiderable. Je ne ſau-
rois vous décrire ce qui ſe paſſoit alors
dans mon cœur. Je ne me nourriſſois
que de reflexions morales, & je me di-
fois

fois cent fois le jour à moi-même que l'ambition est un vice masqué qui cache une avarice insatiable. En effet, pourquoi chargeons-nous une vie qui est si courte d'un si pesant fardeau? Et pourquoi les hommes préferent-ils les dangers & les travaux au repos & à la tranquillité? Vaine chimere dont ils se repaissent! Ils veulent, aux dépens de leur repos, & souvent au péril de leur vie, se procurer un bonheur incertain qu'ils ne possedent que lorsqu'ils ne sont plus en état d'en jouïr.

Quid brevi fortes jaculamur ævo
Multa? Quid terras alio calentes
Sole mutamus? Patriæ quis exul
Se quoque fugit? *

Tous ceux qui naviguent font ces sortes de reflexions: cependant par un aveuglement que Dieu permet, ceux qui ont couru les plus grands dangers sont prêts à s'y exposer de nouveau; malgré toutes mes moralitez, je ne voudrois pas répondre de moi-même.

Le 30. les vents se rangerent du côté du Sud'Est, & nous fîmes route à Ouest Sud'

* *Horat. Od.* 16 *Lib.*

Sud'Oueft. La mer étoit agitée, quoique le vent ne fût pas violent, ce qui nous fit croire qu'elle avoit été battue d'une tempête les jours précedents. La voye d'eau nous incommodoit toûjours beaucoup par le travail pénible & continuel qu'elle caufoit à l'Equipage ; cependant le Capitaine prétendoit abfolument doubler le Cap de Bonne Efperance fans relâcher en aucun endroit. Outre la voye d'eau, qui feule fuffifoit pour nous faire périr, notre Vaiffeau étoit foible, mal équipé, & peu capable de refifter à une tempête. D'ailleurs nous ignorions la quantité d'eau qui nous reftoit. Mais le Capitaine, quoiqu'il connût bien lui-même la témerité d'une telle entreprife, voulut, pour fe difculper auprès de fes Armateurs, effuyer du moins une bourafque pour juftifier fa relâche. Le 1. Avril les vents vinrent de l'Eft Nord'Eft, & nous continuâmes de faire route à Oueft Sud'Oueft jufqu'au 10. de ce mois.

Le 9. on obferva la latitude de 19. degrez 41. minutes. La longitude de 95. degrez 21. minutes. On obferva auffi la variation au lever & au coucher du Soleil, elle étoit de 9. degrez vers le Nord'Ouest.

Le dix la violence des vents redoubla, nos voiles furent emportées, & la mer étoit si agitée qu'elle couvroit notre Vaisseau. On amena les Mâts de Perroquet, & on envergua des huniers neufs. Le 11. pendant la nuit nous fûmes obligez de serrer toutes nos voiles, & de nous abandonner au gré des vents.

Ceux qui se mêlent de faire des Descriptions de tempêtes, les font toûjours selon leur imagination, & presque jamais selon la réalité. Une tempête est un accident au-dessus de toute expression. Je n'entreprendrai point, Monsieur, de vous décrire ce qui nous arriva cette fatale nuit. J'eus l'imagination si vivement frappée de l'horreur du péril, qu'il ne me reste plus aujourd'hui qu'une idée confuse des circonstances du péril même. Des voiles emportées par le vent, un Vaisseau devenu le jouet d'une mer affreuse, un vent qui nous emportoit du Midi au Septentrion, & du Septentrion au Midi, une mer enflamée, dont les flots en couroux couvroient

notre Vaiſſeau, & ſembloient lui creu-
ſer mille abîmes profonds, n'eſt-ce pas
là peu près ce que diroit un Orateur,
ou un Poëte? Cependant toutes ces
pompeuſes Deſcriptions ne dépeignent
qu'imparfaitement l'horreur d'une tempête; c'eſt l'effort ou le jeu d'un eſprit,
qui rappelle à ſoi, & qui joint un nombre d'idées affreuſes, & qui force ſon
imagination à décrire ce que ces idées
lui repreſentent. Souvent cette imagination, qui eſt plus vive dans les uns
que dans les autres, a engagé des Voyageurs à décrire des Tempêtes avec des
hyperboles ſi outrées, qu'elles produi-
ſoient un effet contraire à l'intention de
l'Auteur. Je me ſouviens à ce ſujet
d'une Deſcription que fait un Auteur
Eſpagnol * : (l'hyperbole eſt la figure
favorite de cette Nation) *Tantôt les flots,*
dit-il, *s'élevoient juſqu'au Ciel, & ſem-*
bloient vouloir éteindre le feu brillant des
Etoiles: nous appréhendions tous que notre
Vaiſſeau ne fût la victime de cette guerre,
& que le feu ne détruisît ce que les flots
avoient juſques-là reſpecté; tantôt la Mer
ouvroit mille gouffres profonds, & nous

D 2   ap-

* D. Louis de Gongora.

appercevions déja de près la Mort assise au pied du Trône de Pluton. Je perds de vûe la tempête, & je m'attache uniquement à l'hyperbole. La Mort, Pluton & les Etoiles m'occupent plus que le danger où se trouve l'Orateur.

Il faudroit, pour bien dépeindre une Tempête, laisser à part, s'il étoit possible, les flots, la mer & les vents, & décrire seulement ce qui se passe dans le cœur de ceux qui sont dans l'horreur & dans la crainte d'un naufrage prochain. Tandis que le danger de périr ne fut pas évident, je fus dévot, & je priai Dieu de tout mon cœur : mais si-tôt que j'apperçûs une espece de desespoir sur le visage de nos Pilotes les plus hardis, mon ame sembla se séparer de mon corps, & il ne me resta plus qu'une maniere de penser confuse, qui ne pouvoit s'appeller pensée : plus d'imagination, plus de reflexion sur le péril. Je conclus aujourd'hui que l'homme peut vivre quelquefois sans ame, s'il est vrai que l'ame s'agite à l'occasion des mouvemens du corps, de même que le corps éprouve des mouvemens à l'occasion des agitations de l'ame. Je devins comme insensible, & dussiez-vous me considerer

com-

comme un poltron, je vous dirai que l'excès de ma crainte me mit hors d'état de rien craindre. Je vous avouerai encore une autre foiblesse. La prédiction de mon Astrologue Chinois qui me menaça du naufrage avant que de partir, revint dans mon esprit, & quoiqu'il me restât encore assez de raison pour éloigner cette idée, néanmoins ce fut un tourment pour moi que d'avoir sans cesse à combattre contre mon imagination.

La tempête dura 15. heures. Les vents firent sept fois le tour du Compas. Nos manœuvres furent brisées, & nous fûmes successivement sur l'eau & dessous l'eau.

Le 12. à 8. heures du matin le vent cessa d'être violent, & la mer d'être agitée. Le calme rappella mes esprits; mais je fus fort étonné de me sentir meurtri dans tous les endroits de mon corps. J'avois à la verité une idée confuse, qu'il m'étoit arrivé quelqu'accident facheux pendant la nuit, mais cette idée étoit, comme je vous dis, fort confuse, & me paroissoit un songe. Il me sembla me souvenir que par les mouvemens irréguliers du Vaisseau, une cage pleine de cent Poules ou plus, avoit

long-

long-tems roulé d'un bord à un autre,
& que j'en avois une fois foûtenu le poids
avec les pieds en m'appuyant fur les bords
du Vaiffeau. Une perfonne charitable
m'avoit retiré de cette peine dans le tems
que je n'en avois plus moi-même la force.
Je n'avois rien reffenti pendant la tempê-
-te, mais a peine fut-elle ceffée que ma
douleur devint fenfible : ce qui prouve
fort encore le fyftême de l'union recipro-
que qui eft entre le corps & l'ame. Je
fuis même perfuadé que la peur & le courage peuvent produire les mêmes effets;
car il arrive fouvent que dans la chaleur
d'un combat, un brave Soldat ne fent
point de douleur à la perte d'un bras, ou
d'une jambe, de même que dans une
tempête la peur ôte le fentiment des
maux qui arrivent, parce que dans l'une
& l'autre occafion l'ame fe porte au dehors, & ne fait plus d'attention fur ce
qui fe paffe au dedans du corps.

Nos Matelots avoient eu foin dès le
commencement de la tempête d'empêcher leurs ames d'abandonner leurs corps,
& de les fixer par de frequentes rafades:
ils étoient prefque tous yvres & hors d'é-
tat d'obéir aux ordres qu'on leur donnoit. Un Epicurien leur donneroit des
louan-

louanges d'avoir pris des préservatifs contre la frayeur: je les louerois peut-être aussi si leur yvresse n'avoit pas augmenté le péril, & ne les avoit pas mis hors d'état de nous secourir ! Qu'on fait de sérieuses reflexions, Monsieur, lorsque le péril est passé ! Combien de vœux ! Quelles resolutions ne fis-je point de ne plus braver un Element dont je venois d'éprouver si sensiblement les caprices & l'inconstance ! La fortune me parut d'un trop haut prix, quand je connus qu'on ne l'acqueroit que par des dangers frequens, & par des peines continuelles. Encore si la fortune étoit aussi estimée que la gloire, l'idée & le desir d'une belle renommée feroit souffrir patiemment tous les travaux; mais quel avantage retirent ceux qui courent les Mers? Les Anciens ont dit avant les Modernes, qu'il falloit avoir un cœur de bronze pour oser défier un Element sujet au caprice des vents. Les Modernes aussi peu indulgens nous traitent d'avares. Digne fruit de tant de peines, dont on ne retire souvent aucun fruit! Vous direz peut-être, Monsieur, que je n'ai gueres de courage; je l'avoue de bonne foi: je

n'ai

plus de cœur d'abord qu'il faut combattre contre les Elemens ; ma Raison ne
m'apprend qu'à les craindre, & nulle-
ment à triompher de ma crainte. * Nous
essayâmes après la tempête de réparer le
dommage qu'elle avoit causé à notre
Vaisseau , dont toutes les parties sembloient avoir été désunies par les mouvemens violents que les vents & la mer
lui avoient fait faire. Le Mât de Beaupré , qui est la clef & le soûtien de tous
les autres, étoit fendu en trois endroits.
Tout l'Equipage du Vaisseau suffisoit à
peine pour rejetter l'eau qui entroit de
tous les côtez. Tandis que nous étions
occupez à remédier aux besoins les plus
pressants, nous apperçûmes un Phenomene dans l'air qui sembloit nous annon-
cer une nouvelle tempête, mais qui fut
une Ange de paix. Les gens de mer
l'appellent *Oeil de Bœuf* : il est de la cou-
· leur de l'Arc-en-Ciel, & se forme aussi
par l'interposition des rayons du Soleil.
Ce Phenomene fut une marque d'alliance
en-

* Dans de semblables occasions nulle difference
entre les braves & les poltrons, les sages & les
foux, la précaution & le hazard, tout cede également à la violence de la Mer & des vents.

entre les vents & la mer, de même qu'après le Déluge l'Arc-en Ciel fut un ſigne d'alliance entre Dieu & les hommes. La mer devint auſſi tranquille que ſi elle n'eut point été battue par les vents. Cet effet n'eſt pas ordinaire après les tempêtes : il arrive au contraire preſque toûjours que la mer eſt plus agitée après l'orage, mais dans les houragan les vents qui varient à chaque inſtant, & qui ſoufflent tantôt d'un côté, tantôt d'un autre, ſoulevent & abaiſſent ſucceſſivement les flots; ce qui n'arriveroit pas s'ils ſoufloient conſtamment d'un même côté.

Le 13. on aſſembla le Conſeil, & on y agita long-tems, ſi malgré le mauvais état où le houragant avoit mis notre Vaiſſeau, nous entreprendrions encore le paſſage du Cap de Bonne Eſperance. Toutes les voix furent pour la négative, parce qu'outre la diſette d'eau & de vivres (car pluſieurs de nos Beſtiaux avoient péri dans la tempête, & l'eau avoit pénetré aux Soutes du pain) outre la voye d'eau qui fatiguoit beaucoup l'Equipage, la Saiſon étoit ſi fort avancée qu'il y auroit eu de la témerité à entreprendre ce paſſage qui eſt redoutable même dans la belle Saiſon. Pour moi je n'a-

vois

vois jamais été si éloquent, je fis une peinture si vive du danger passé & de celui où nous nous exposerions, si nous nous nous obstinions à vouloir passer outre, que j'aurois attiré tout le monde à mon avis, si par hazard ils avoient pensé differemment.

Le Capitaine fit un procès verbal pour sa décharge, & commanda qu'on fît route vers l'Isle *Mascarin* ou *Isle de Bourbon.* Nous nous appercevions déja que la meilleure partie de nos marchandises étoient mouillées, mais on fut peu sensible à cette perte, & chacun se trouva trop heureux encore de n'être pas devenu la proye des Poissons. Il est certain, Monsieur, que dans un naufrage, celui qui a le bonheur d'échapper à la fureur des flots fait peu de reflexions sur la perte de sa fortune, & il faut être bien avare si l'amour de la vie ne prévaut pas à l'interêt.

Le 14. nous fîmes route au N. O. & à Ouest ¼ de Nord'Ouest. Nous étions par la latitude de 21. degrez 26. minutes, & à 87. degrez 44. minutes de longitude: on observa aussi la variation au coucher du Soleil, qui fut de 14. degrez vers le Nord'Ouest. Les vents

nous

nous favoriferent, & nous continuâmes la même route jufqu'au 20. du mois.

Le 20. à la pointe du jour nous apperçûmes l'Ifle *Maurice* à la diftance de 14. lieues ou environ. On obferva à midi la latitude, qui fut de 20. degrez 57. minutes, à 7. lieues de diftance de cette Ifle. Elle eft fort montagneufe, & couverte d'arbres, comme le font la plûpart des Ifles qui font fituées entre les Tropiques. Les Hollandois en prirent autrefois poffeffion; mais ils furent contraints de l'abandonner, à caufe des Singes qui arrachoient toutes leurs plantations, & qui fembloient leur avoir déclaré une efpece de guerre. Avant que de s'en retirer tout-à-fait, ils avoient effayé de remédier à ce malheur, en oppofant des Chiens aux Singes, mais ces Chiens, devenus fauvages dans les bois, fe multiplierent de telle forte que le remede devint pire que le mal: ils dévoroient le bétail, & attaquoient même fouvent les Habitans. La legereté & l'adreffe des Singes les ayant rebutez, ils avoient fait alliance avec eux; ainfi ces animaux continuant à arracher le ris & les plantes, les Hollandois furent enfin obligez de fe retirer. Cet-

te

te Isle est fort fertile & abondante en Gibier, & peut produire toutes les choses necessaires à la vie. Elle a plusieurs beaux Ports. Un Capitaine de S. Malo en a pris depuis peu possession au nom du Roi, & de la Compagnie des Indes. Si on y envoye des Colonies, l'Isle de Bourbon sera bientôt deserte, parce qu'elle n'a aucuns Ports.

On observa la variation au coucher du Soleil, qui fut de 19. degrez vers le Nord'Ouest. Vers le soir nous fûmes par le travers de l'Isle Maurice, à 4. lieues de distance. Nous pûmes voir ses hautes Montagnes qui jettoient un feu noir & épais. Cette Isle a 46. lieues de tour.

Le 21. au point du jour nous apperçûmes la Côte Orientale de l'Isle *Mascarin*, & par la supputation du chemin que nous avions fait pendant la nuit, nous conclûmes que la distance qui est entre l'Isle Maurice & l'Isle Mascarin n'est pas si grande que les Cartes la marquent. Nous fîmes route à l'Ouest pour mieux reconnoître cette Isle, & ayant eu connoissance de la Riviere de Lest, qui est entre le

Païs

Païs brûlé & le Quartier de Sainte Suzanne, nous fîmes route le long de la terre, à deux lieues de diftance, pour aller mouiller dans la Rade de Saint Denis, où eft le Quartier du Gouverneur.

Nous jettâmes l'ancre à quatre heures du foir, & nous faluâmes de fept coups de Canon le Pavillon de France que le Commandant avoit fait arborer. Je defcendis à terre avec le fecond Capitaine & deux de mes amis. Le Commandant (car le Gouverneur étoit allé en France) nous reçût au bord de la Mer avec beaucoup d'honnêteté, & nous pria de l'excufer s'il n'avoit pas répondu au falut, qu'il avoit du Canon à la vérité, mais qu'il n'avoit point de poudre. Il nous affura qu'on trouveroit dans le Quartier de S. Denis du bois propre à faire des Mâts & des Pompes, & que l'Ifle abondoit en toute forte de denrées. Le fecond Capitaine porta ces bonnes nouvelles à ceux du Vaiffeau, & nous reftâmes mes amis & moi chez le Commandant qui nous avoit offert fa maifon fort obligeamment.

Le 22. le Capitaine defcendit à terre. Je ne fai fi je dois vous raconter ce qui arriva à un Paffager qui venoit avec lui.

La

La plûpart de ceux qui naviguent ont coûtume, après une longue navigation, de baiſer un morceau de la terre à laquelle ils abordent ; celui-ci ne fut pas plûtôt ſur le rivage, que pour ſatisfaire à ce pieux devoir, il ramaſſa un morceau de quelque choſe qu'il crut être une pierre ; il le baiſoit amoureuſement, lorſqu'à l'odeur, ou peut-être au goût, il s'apperçût que ce qu'il tenoit étoit tout autre choſe qu'un morceau de terre. Cependant notre joye étoit ſans égale d'entendre parler notre langue, & d'être dans un lieu où nous pouvions réparer le dommage que l'abſtinence avoit fait à nos corps. On mit les Malades chez un Habitant de l'Iſle, & on porta au Vaiſſeau toute ſorte de rafraichiſſemens.

Le 3. de Mai, deux Vaiſſeaux parurent preſque en même-tems à la vûe de l'Iſle ; & par un hazard aſſez ſemblable à celui qui nous avoit réunis aux Iſles des Larrons, nous nous retrouvâmes encore à l'Iſle Maſcarin. Ces Vaiſſeaux étoient *le Marquis de Maillebois*, commandé par Monſieur de la Perche, & *le Comte de Lamoignon*, que commandoit M. de la Fond. Ils étoient partis de la Chine long-tems avant nous, mais

le

le Vaiſſeau *le Comte de Lamoignon* ayant
perdu ſon Gouvernail à la ſortie du Détroit de *Banca*, avoit été obligé de relâcher à *Batavia*, où M. de la Perche
le convoia, ce qui lui fit perdre la Saiſon.
Les Hollandois toûjours jaloux du commerce que les autres Nations veulent
faire dans les Indes, reçurent mal ces
deux Vaiſſeaux. M. de la Perche ne
put obtenir du Gouverneur de *Batavia*
la permiſſion de faire de l'eau; il fut
même obligé de partir, après avoir
pris l'eau de l'autre Vaiſſeau. M. de
la Fond ne fut gueres mieux traité,
& il n'obtint du ſecours qu'après bien
des peines & pluſieurs dépenſes. Ces
deux Vaiſſeaux ainſi ſéparez tenterent
le paſſage du Cap de Bonne Eſperance avec ſi peu de ſuccès, que l'un arriva ſans Mâts de Beaupré & d'Arti-
mon; & l'autre ſe trouva dans un danger ſi évident, que l'Equipage fit un
vœu ſolemnel qu'il accomplit dans cette Iſle.

Le 4. on embarqua les bois neceſſaires pour la conſtruction des Pompes, & on fit voile pour aller au
Quartier de S. Paul, dont la rade eſt
meilleure que celle de S. Denis, & où

les deux autres Vaiſſeaux s'étoient déja rendus. Nous avons paſſé cinq mois
dans cette Iſle en bonne compagnie. Nos
jours ſe reſſembloient aſſez, la Chaſſe &
la promenade faiſoient la meilleure partie de nos plaiſirs.

Il y a environ 80. ans que cette Iſle
fut découverte par les Hollandois, mais
elle ne fut pas habitée, à cauſe de la
difficulté qu'on trouva à y aborder. Les
Indiens de l'Iſle *Madagaſcar* ou de S.
Laurent ayant maſſacré dans un ſeul
jour preſque tous les François qui s'é-
toient établis au Fort Dauphin, (maſſa-
cre dont les François furent la cauſe par
le peu de ménagement qu'ils eurent
pour ces Peuples naturellement jaloux,
& qui ne pouvoient ſouffrir la galanterie Françoiſe) quelques François échape-
rent à leur fureur par le moyen des femmes du Pays qu'ils avoient épouſées.
Ils s'embarquerent avec leur famille dans
deux Pirogues qui furent pouſſées par
les vents ſur les Côtes de l'Iſle Maſcarin. Ces gens ayant trouvé ce Pays ar-
roſé de Rivieres & abondant en Gibier,
s'y établirent, & vêcurent pendant quelques années de Tortues de terre & de
mer, de Poiſſon & de Gibier ; comme
la

la neceffité eft induftrieufe, ils trouverent les moyens de fuppléer au défaut
du vin, en compofant une boiffon du
miel que les Abeilles laiffoient dans le
tronc des arbres. Quelques années après,
un Vaiffeau Pirate y fut jetté par la
tempête, & s'étant brifé fur les écueils
de l'Ifle, l'Equipage fut contraint de s'y
établir auffi. Ces Pirates avoient fait
des courfes fur les Côtes de *Malabar*, &
dans le Golphe de l'Inde où ils avoient
enlevé plufieurs Efclaves de l'un & de l'autre fexe. La neceffité les fit réfoudre à
époufer ces femmes noires. Le Pays fe
peupla infenfiblement, & la Compagnie
des Indes en ayant obtenu la Seigneurie,
y envoya cinq ou fix familles Françoifes.
Cette Ifle étoit d'un grand fecours aux
Vaiffeaux de la Compagnie qui y hyver-
noient lorfque la Saifon étoit trop avancée pour paffer le Cap de Bonne Efperance. Dans ces differentes relâches plufieurs Matelots s'y établirent, & époufe-
rent les filles qui étoient nées de tous ces
mariages dont je viens de parler. Ces
filles n'étoient ni noires ni blanches, &
avoient quelque chofe de l'une & de
l'autre couleur.

Vous aurez peut-être, Monfieur, de
la

la peine à concevoir comment nos Mate-
telots François se peuvent résoudre à con-
tracter des alliances avec des femmes si
brunes.　Ces gens qui n'ont pas le goût
fort délicat, & dont une continence involontaire excite les passions à la vûe d'u-
ne femme telle qu'elle soit ; ces gens,
dis-je, qui par les voyages continuels
qu'ils font dans les Indes, ont, pour ainsi
dire, accoûtumé leurs yeux à trouver
suportables ces teints olivâtres & baza-
nez, épousent ces femmes sans répugnance, & c'est assez pour eux qu'une
femme soit femme. Les Hollandois sont
encore moins délicats que nos François
sur cet article, & ils épousent indiffe-
remment toutes sortes de femmes dans
leurs Colonies.

.. Il y a aujourd'hui dans l'Isle Mascarin 900. personnes libres & 1100. Esclaves.　Parmi les personnes libres, il
n'y a que six familles, dont le sang soit
sans mélange, parce qu'elles ont eu soin
de ne se point allier avec les familles de
Mulates & de Mestices.　Cependant les
femmes Mulates par les alliances qu'elles
contractent avec les François qui quit-
tent leurs Vaisseaux pour s'établir dans
cette Isle, ont des enfans moins basanez.

Le

Le fang fe purifie, & leurs teints deviennent blancs peu à peu. Je vis un jour dans l'Eglife Paroifliale de Saint Paul une famille entiere qui me donna de l'admiration : tous les vifages de ceux qui la compofoient étoient de couleurs differentes, & je puis dire que ma vûe alloit du blanc au noir, & du noir au blanc. Je comptai depuis la trifayeule jufqu'à l'arriere - petite - fille cinq générations. La trifayeule âgée de cent huit ans étoit noire, telle que le font les Indiennes de *Madagafcar* ; la fille étoit mulate, la petite-fille meftice, la fille de celle-ci étoit quarteronne, la quatriéme étoit quinteronne, & la derniere enfin étoit blonde, & auffi blanche qu'une Angloife ; mais toutes ces femmes ou filles en changeant de couleur, ne perdent point certaine odeur (qu'on pourroit appeller fumet) qui dénote leur origine.

Les Habitans de Mafcarin font doux, tranquilles & laborieux. Leurs richeffes confiftent en troupeaux de Bœufs & de Moutons, en Efclaves & en plantations que la Compagnie des Indes leur diftribue pour une fomme affez modique. Cette Ifle produit deux fois chaque année le ris & le bled, mais le bled ne fe

peut

peut conferver plus d'un an, & il fe cor-
romproit même dans le cours de l'année,
fi on féparoit le grain de l'épi ; c'eft
pourquoi les habitans fement beaucoup
de ris, & l'embarras qu'ils trouvent à
faire moudre leurs bleds à force de bras,
leur fait préferer le ris pour leur nourriture; ils aiment mieux en effet occuper
ailleurs plus utilement leurs Efclaves que
de les faire moudre. Je crois même que
l'habitude leur fait préferer le ris au
pain, car il ne leur feroit pas difficile
de conftruire des Moulins à vent dans
un Pays où le bois eft fi commun.

Quoique le Terrain foit très-propre à
produire le raifin, on n'y a point cependant encore planté de vignes. Ils font
une boiffon de miel qui eft forte, &
dont l'ufage trop fréquent eft pernicieux.
Ils en compofent une autre qu'ils appellent *Frangorin*, du fuc des Cannes de
Sucre : elle peut enyvrer, mais l'excès
n'en eft pas fi dangereux que celui de la
boiffon faite de miel.

L'air de cette Ifle eft fort fain, & les
peuples y parviennent à une extrême
vieilleffe. Vers le mois de Decembre
ou Janvier, il fe leve un vent impétueux,
ou plûtôt un houragan qui chaffe tout

le

le mauvais air, il fait du ravage à la verité; il déracine les arbres & renverse les Cabannes & les plantes des Habitations, mais il enleve tout ce qu'il y a d'impur, soit dans l'air, soit sur la terre. On a remarqué que lorsque cet Houragan avoit manqué pendant une année, la santé des peuples n'avoit pas été si bonne que les autres années, & qu'il avoit regné dans l'Isle une espece de maladie épidémique dont plusieurs étoient morts. Les Habitans connoissent le tems où cet Houragan doit arriver; ils entendent pendant quatre jours un grand bruit dans les montagnes : l'air & la mer sont alors dans une tranquillité admirable. La veille de ce Houragan, la Lune paroît enflamée, & pronostique la tempête pour le lendemain.

Alors les Habitans pourvoyent à leur sureté, ils étayent leurs maisons & les arbres fruitiers, & se préparent à resister à la violence du vent. Si un Vaisseau se trouve dans les rades de cette Isle, l'Equipage doit profiter de ces avertissemens, & prendre le large, parce qu'il vaut beaucoup mieux souffrir la tempête en pleine mer que dans une rade peu sure, où le péril est plus certain à cause de la proximité de la terre. Quoi-

Quoique les Habitans de cette Isle jouïssent d'un climat si pur & si sain, ils menent pourtant une vie triste, languissante, & dénuée de tout ce qu'on appelle plaisir. Leurs habitations sont éloignées les unes des autres; la jalousie, l'envie & l'orgueil, passions inquiettes qui sembleroient ne pas regner dans des deserts, se glissent parmi eux, & sement de la mésintelligence entre les familles, surtout entre les femmes. Celles qui sont blanches méprisent celles dont la couleur est mêlée, & celles-ci, aussi fieres que les autres, se soûtiennent par leur nombre.

L'Isle est divisée en quatre Quartiers principaux. Celui de S. Paul est le plus étendu & le plus peuplé; il est situé au pied d'une montagne fort escarpée, les habitations sont bâties sur l'un & l'autre bord d'un grand Lac d'eau vive qui s'écoule dans la mer. Chaque famille a ses plantations au haut de la montagne. On y monte par un sentier rude & escarpé, & on trouve sur la Cime une plaine plantée d'arbres, à la reserve des lieux qui ont été défrichez: il y reste encore du terrain assez pour établir deux cens habitations. Les plantations sont de

Ris,

Ris, de Tabac, de Bled, de Cannes de Sucre & de fruits, comme Bananes, Ananas, Goyaves, Oranges, Citrons, &c.

La Paroisse de S. Paul est desservie par deux Prêtres de la Congregation de S. Lazare, gens d'une pieté singuliere, & d'une érudition profonde.

Le Quartier de S. Denis est situé à sept lieües de S. Paul, en tirant vers l'Orient. Le Gouverneur y fait sa demeure; il est moins peuplé que le premier, mais le séjour m'en a paru plus agréable. A deux lieues de ce Quartier, le long de la mer, on trouve celui de Sainte Marie qui est peu considerable.

Le plus fertile de tous est celui de Sainte Susanne, qui est à quatre lieües de S. Denis à Sainte Susanne, parce qu'on a frayé un chemin au milieu du bois, & que le terrain n'est pas si inégal que dans le reste de l'Isle, mais lorsqu'on veut aller de S. Denis à S. Paul, on ne peut aller que par mer; cependant les noirs passent quelquefois par les montagnes, & par des chemins impraticables pour se rendre dans ce Quartier. On fait aussi quelquefois la moitié du chemin par mer, c'est-à-dire jusqu'à un lieu qu'on

ap-

appelle *la Possession*; de-là on peut aller à cheval jusqu'à S. Paul: on trouve une Plaine assez étendue, & qui pourroit devenir fertile si elle étoit habitée.

On fait aisément le tour de l'Isle à pied en côtoyant la mer, mais il est impossible de pénetrer d'un côté à l'autre par le milieu de l'Isle, & personne n'a encore osé l'entreprendre, si ce n'est quelques Esclaves fugitifs qui se sont retirez dans les bois, & dont on n'a plus entendu parler. Cette Isle a cinquante - sept lieües de circuit; elle n'est habitée que d'un côté; la Partie du Sud est brûlée par les feux d'un Volcan qui répand dans les Vallées des torrens de souffre & de bitume. Je crois que ce Volcan a fait peu à peu le tour de cette Isle, parce que j'ai trouvé en creusant à trois pieds de terre le roc brûlé & calciné.

Les neiges qui couvrent les hautes montagnes de cette Isle, forment des torrens qui se jettent dans la mer, & qui portent la fertilité & l'abondance dans toute la Plaine. Ces Rivieres s'enflent considerablement en Eté, mais elles ne causent aucuns ravages, parce que leurs bords sont escarpez, & que leur lit est profond.

La

La nature donne ce fecours aux Habitans au deffaut des Fontaines qui leur manquent ; il eft même fort rare qu'ils puiffent creufer des Puits à caufe de la fechereffe de la terre. Pendant les mois de Juin, Juillet & Août, les pâturages font rares, & on eft obligé de chaffer les Troupeaux dans les montagnes, où ils fe nourriffent de feuilles d'arbres. Chaque Chef de famille imprime une marque à tous fes beftiaux, & ces peuples font de fi bonne foi, qu'ils ne fe font aucun tort, & ne fe dérobent point les uns aux autres leurs troupeaux.

Depuis que la Compagnie des Indes femble avoir négligé cette Colonie, ceux qui habitent le Quartier de Sainte Sufanne portent tout le poids du travail ; & femblables aux Abeilles, ils ont la peine & les autres le profit. Comme les Vaiffeaux n'abordent jamais à ce Quartier, ils ne peuvent troquer leurs denrées pour des toiles dont ils ont plus de befoin que les autres à caufe des pluyes continuelles ; ainfi malgré la fertilité de la terre qui leur fournit des vivres en abondance, ils n'ont point de quoi couvrir leur corps, & cette indigence les empêche fouvent d'aller à la Meffe, &

de pouvoir fortir même de leurs maifons. Les Habitans des autres Quartiers
où les Vaiffeaux ont coûtume d'aborder,
profitent de la facilité qu'ils ont à trafiquer avec les Etrangers ; ils enlevent
tout fans en faire part aux autres, dans
la crainte qu'ils ont de manquer eux-mêmes de vêtemens, parce qu'ils fe voyent
comme abandonnez par la Compagnie
des Indes, dont les Vaiffeaux relâchent
rarement dans cette Ifle. Cependant
fi ces Peuples avoient parmi eux des
Tifferans, les femmes pourroient filer
du coton : cette Ifle en produit de très-
beau, mais la nature leur fait en vain ce
prefent, par l'impuiffance où ils font de
s'en fervir.

Le Caffé a été découvert depuis peu
de tems dans cette Ifle : cette plante eft
fauvage à la verité, mais l'on croit que
lorfqu'elle fera entée, fon fruit fera auffi
beau que celui qui vient du Levant. M.
Para, Gouverneur de cette Ifle, a fait
un Voyage en France pour faire part à
la Compagnie des Indes de cette découverte, & pour convenir des moyens de
la rendre utile. Le Caffé fauvage eft
plus beau & plus gros que celui qui vient
de *Moca*, mais le goût en eft un peu
diffe-

different; il est moins onctueux & plus amer; cependant si les Habitans qui étudient avec soin le tems propre pour enter cette plante, sont assez heureux pour réussir quelque jour, on pourra faire alors un grand commerce de Caffé, à cause de la quantité de ces plantes : au reste je ne sai pas pourquoi la Compagnie des Indes a négligé une Colonie, qui par sa situation, par la bonté de son climat, & par la fertilité de son Terroir, ne peut être que très-utile aux Vaisseaux qui reviennent des Indes Orientales & de la Chine. Il ne seroit pas difficile de faire un petit Port dans la Riviere de Saint Denis, ou dans le Golphe de la Possession, & si on y envoyoit quelques nouvelles familles, elles défricheroient un terrain suffisant pour leur entretien ; elles y seroient bien-tôt établies, surtout si cette nouvelle Colonie étoit composée d'Artisans, comme Tisserans, Forgerons, Menuisiers, Charpentiers, &c. Les Cordonniers seuls n'y trouveroient pas leur compte, à moins qu'ils n'apportassent la mode de ne point aller les pieds nuds. Les hommes & les femmes ne portent point de Souliers, & c'est une chose assez plaisante de voir une

jeu-

jeune fille avec une Juppe de Damas marcher nuds pieds au travers des bois.

Cette Isle étant ainsi devenue plus peuplée, les Habitans pourroient entretenir une ou deux grandes Barques pour faire le trafic des Esclaves à *Madagascar*, en partant de *Mascarin* dans la Saison propre à cette navigation ; non seulement ils se procureroient par ce commerce les Esclaves necessaires à l'entretien de leurs habitations, mais encore ils pourroient retirer beaucoup d'or de *Madagascar* en échange des marchandises qu'on y envoyeroit de France ou des Indes, par les Vaisseaux de la Compagnie. J'ai vû dans cette Isle un Espagnol qui y est établi depuis peu, & qui ayant demeuré long-tems à *Madagascar*, en avoit rapporté une livre de fort bel or qu'il avoit pris dans un Ruisseau de cette Isle, deforte qu'il y a lieu d'esperer qu'on pourroit aisément trafiquer avec les Indiens de ce Païs ; en leur donnant en échange de leur or des Toilles & autres marchandises.

Tous les Habitans de *Mascarin* sont Catholiques Romains ; ils vivoient autrefois dans une ignorance libertine, & leurs Curez plus attentifs à leurs interêts

terêts particuliers qu'au falut des Peuples, négligeoient le foin de les inftrui-
re. Le libertinage & le defordre re-
gnoient dans cette Ifle, & ils eurent l'au-
dace, il y a quelques années, d'arrêter
leur Gouverneur, & de le faire mourir
dans un Cachot. Le Curé étoit lui-
même le Chef de la confpiration, & il
donna le fignal aux feditieux pendant la
Meffe : ils arracherent le Gouverneur de
l'Eglife & le traînerent dans une Prifon,
où après avoir long-tems langui, il ex-
pira enfin de foibleffe & d'inanition.

La Compagnie des Indes, après avoir
puni les Complices d'un attentat fi hor-
rible, réfolut de remedier à ces defordres : elle envoya à *Mafcarin*, il y a
quatre ans, quatre Miffionnaires Prêtres de la Congregation de Saint Lazare. Le Superieur de cette Miffion eft
Prefet Apoftolique, & a des pouvoirs
fort étendus : il deffert la Parroiffe de S.
Denis. Ces Miffionnaires ont corrigé
les Peuples, auparavant feroces, de l'y-
vrognerie & de la brutalité, mais ils
n'ont pû ôter aux femmes le tendre penchant qu'elles ont à la galanterie, & la
chaleur du climat prévaut à toutes leurs
exhortations.

E 3   L'I-

L'Ifle abondoit autrefois en Tortues de terre, mais les Vaifleaux en ont tant détruit qu'il faut aujourd'hui les aller chercher fort loin à l'Occident de l'Ifle : les Habitans mêmes n'ont plus la permiffion d'en tuer, fi ce n'eft pendant le Carême. On attribue plufieurs proprietez à la Tortue de terre, entr'autres celle de purifier la maffe du fang, & de guerir certaines maladies fâcheufes dont les Chirurgiens fe font attribuez la cure. On tire de cet animal une huile fort douce, qui a prefque le même goût que celle d'Olive.

Les Chevres & les Sangliers y étoient auffi en abondance, mais ces animaux fe font retirez au fommet des montagnes; cependant les Habitans en trouvent encore beaucoup dans les bois, & ils les attrapent à la courfe. On y avoit auffi apporté des Indes des Lapins, des Cailles, des Perdrix & des Poules pintades; les Lapins n'ont pû fe creufer des tanieres; les Cailles, comme oifeaux de paffage, y ont peu refté, & les Perdrix font difparues; ainfi il n'y a eu que les Poules pintades qui fe foient multipliées. Vers l'Eft de cette Ifle il y a une petite Plaine au haut des montagnes qu'on appelle

pelle la Plaine des *Coffres*, où l'on trouve un gros Oiseau bleu dont la couleur est fort vive, & le goût passable. Les Habitans ne lui ont encore donné d'autre nom que celui d'Oiseau bleu. On trouve aussi des Perroquets de plusieurs especes, qui quand ils sont jeunes se peuvent manger.

Dans le mois de Juillet & Août, mois où regne l'hyver, on voit descendre des montagnes une espece de .Grive, oiseau fort gras & d'un goût exquis; il vit de ris & de Caffé sauvage: on le prend en lui passant au col un nœud coulant, attaché à une perche, & il est si peu farouche qu'il se repose souvent sur le bras du Chasseur. Le moindre coup l'abat, & il est si gras qu'il a beaucoup de peine à voler. Cette maniere de prendre la Grive ne doit pas vous surprendre, on la prend ainsi dans plusieurs endroits de l'Europe, surtout dans l'Isle de *Corse*.

Il y a aussi des Chauve-Souris de la grosseur d'une Poule, qui vivent de fruits & de grains. J'avois de la répugnance à suivre l'exemple de ceux qui mangeoient cet oiseau, mais en ayant mangé par surprise, j'en trouvai la chair fort délicate, & on peut dire que cet animal

E 4

n'a de mauvais que le nom & la figure. On n'a jamais vû dans cette Ifle aucuns animaux venimeux : on n'y a à craindre ni les Serpens, ni les autres Reptiles qui font fi ordinaires & fi dangereux dans les Indes. L'Araignée, animal venimeux dans tout le refte de la terre, n'a aucun venin dans celle-ci ; j'en ai vû de groffes comme un œuf de Pigeon : elles font leur toille en attachant les fils d'un arbre à un autre, deforte qn'il faut fe frayer le chemin par les bois avec de longues perches. Cette Araignée eft fi laborieufe, qu'à peine fon ouvrage eft détruit, qu'elle le répare en moins d'un demi jour. Si on trouvoit le fecret de mettre cette toille en œuvre, comme on l'a trouvé en France, elle fuffiroit à l'entretien de tous les Habitans, car il n'y a pas un arbre où l'on ne trouve au moins deux ou trois de ces groffes Araignées.

Je ne fuis point furpris de ce que cette Ifle ne nourrit aucuns reptiles venimeux. Je vous ai déja dit, Monfieur, que le roc eft calciné à deux pieds de terre : ainfi la raifon qui empêche les Lapins de gratter la terre

&

& de s'y creufer des troux, eft la même qui empêche les reptiles, accoû-
tumez à vivre fous terre, de s'y retirer.

Cette Ifle eft couverte d'arbres de
toute efpece : les plus beaux font ceux
qu'on appelle Natiers ou Bois de nat-
te ; les Ebeniers dont le bois eft fort
luifant , le Benjoin qui produit une
gomme odoriferante dont nous nous
fervîmes pour le radoub de notre Vaiffeau , au deffaut du Godron. Il y a
beaucoup d'autres arbres fort gros &
fort hauts, dont on peut faire de très-
belles planches, des Mâts de Vaiffeau,
des Pompes, des Parquets, & toutes
fortes d'ouvrages de menuiferie. Les
plus belles maifons font bâties de ces
planches, les médiocres font faites de
troncs de Lataniers, & couvertes de
feuilles de cet arbre qui produit un
fruit femblable à la noix.

Il y a peu d'arbres fruitiers, le Goya-
vier & le Bananier font les plus communs; leur fruit eft fort fain. Le Bananier eft d'un grand fecours aux Vaiffeaux : on le coupe par le pied, & on
fe fert du tronc pour nourrir les beftiaux ; il fe conferve long-tems verd,

& il est plein d'une eau fort douce.

Les Orangers & les Citronniers produisent leurs fruits en abondance, & c'est cette abondance qui empêche qu'on en fasse cas. Le Tamarin produit un fruit à noyau assez semblable à la date du Palmier ; sa qualité est froide & seche au second degré. Il y a un Arbuste qui produit une Noisette medicinale, mais dont l'usage cause des vomissemens & des douleurs violentes dans l'estomac : on l'appelle Pignon d'Inde. L'arbrisseau le plus commun est le Cotonnier, son fruit est beau, & le Cotton qu'il produit est le plus blanc qui soit dans les Indes. Outre tous ces arbres, il y en a un d'une espece dont le bois est tendre, quoiqu'il égale en hauteur & en grosseur les plus gros arbres : il produit au Printems une fleur fort agréable à l'odorat ; les Abeilles le préferent aux autres arbres, & c'est sur sa cime qu'elles font leur miel.

Je ne veux pas davantage m'étendre sur les particularitez de l'Isle *Mascarin*. J'ajoûterai seulement à ce que j'ai dit, qu'elle a un extrême besoin de secours, & que si la Compagnie des Indes continue à négliger cette Colonie, il eſt à craindre qu'elle ne ſe perde, & que les Habitans n'abandonnent le Païs.

Après avoir ſéjourné cinq mois dans cette Iſle, nous fixâmes le jour du départ au 20. de Septembre. Nous prîmes des proviſions abondantes de Bœufs, de Moutons, de Chevres, & de Tortues de terre, outre les proviſions que chacun fit en particulier. L'experience du paſſé nous avoit rendus prudens. Notre Vaiſſeau étoit un peu plus en état d'entreprendre le paſſage redoutable du Cap de Bonne Eſperance.

Le 20. de Septembre nous partîmes de *Maſcarin* en compagnie des deux Vaiſſeaux commandez par Meſſieurs de la Perche & de la Fond. Nous obſervâmes la latitude méridionale à 6. lieues de diſtance de l'Iſle, elle fut de 21. degrez 23. minutes, la longitude de 76. degrez, & la variation de 20. degrez vers le Nord'Oueſt. Il y eut une écliſpe de Lune qui dura depuis 8. heures juſqu'à 11. la moitié du diſque de la Lune étoit obſcurci.

Les montagnes de l'Iſle *Maſcarin* ſont ſi hautes, que nous pouvions les voir à

la

la clarté de la Lune à 8. lieues de diftance. Le Volcan jettoit des feux en fi grande quantité, qu'on voyoit clairement le haut de la montagne d'où ils fortoient.

Le 21. au matin nous apperçûmes encore l'Ifle à 15. lieues de diftance. Les vents étoient foibles, & nous faifions fort peu de chemin. Ce calme qui dura deux ou trois jours, nous donna occafion de vifiter fouvent les Capitaines des autres Vaiffeaux.

Le 5. Octobre les vents changerent, & le 12. felon l'eftime de nos Pilotes, & felon nos Obfervations, nous nous trouvâmes fur le banc des *Aiguilles*. Nous vîmes les Oifeaux bigarrez qui en dénotent la proximité. Il faut neceffairement avoir connoiffance de ce Banc pour affurer fa navigation. Le Cap de Bonne Efperance eft fitué à 34. degrez 30. minutes de latitude méridionale, & on compte environ 30. lieues de ce Cap au banc des *Aiguilles*.

Le 13. on obferva la latitude à 36. degrez 20. minutes. La variation de 24. degrez vers le Nord-Oueft. Il y a 30. ans que la variation de l'Aiman étoit de 23. degrez vers le Nord'Eft. Je ne

fai

fai à quoi attribuer ce changement, & je laiffe aux Aftronomes à expliquer cette variation. Nous connûmes par ces obfervations que nous avions doublé le Cap de Bonne Efperance. Nous rendîmes graces à Dieu pour une faveur fi grande & fi defirée : on ne pouvoit franchir ce paffage avec plus de bonheur ; la mer & les vents fembloient avoir été de concert pour le rendre facile.

Cependant le 14. & le 15. Octobre les vents fouflerent avec violence, & fouleverent les flots, mais comme ils nous étoient favorables, nous prîmes patience, car une tempête dans ces paffages eft un tribut neceffaire.

Le 16. les vents changerent, & fe rangerent au Nord. La mer étoit fort agitée, & la tempête augmentoit à chaque inftant. Nous mîmes à la Cape tantôt fur un bord, tantôt fur un autre. Les Vaiffeaux qui nous fuivoient firent la même manœuvre. La mer étoit fi agitée qu'à peine nous les pouvions voir à une lieue de diftance, parce que les vagues qui fe trouvoient entre nous en déroboient la vûe par intervalles. Comme notre Vaiffeau étoit plus fin voilier, & qu'il tenoit mieux le vent, nous perdî-

E 7 mes

mes les autres pendant la nuit, & nous ne vîmes plus les feux qu'ils avoient mis à leur poupe. Nous fîmes en vain tous les fignaux dont nous étions convenus, aucun des deux n'y répondit.

Le 17. à midi nous eûmes connoiffance des deux autres Vaiffeaux : ils avoient beaucoup dérivé, & ils étoient trois lieues fous le vent, quoiqu'ils euffent eu le vent fur nous le jour précedent. Nous arrivâmes un peu pour les joindre : les vents étoient moins violents, mais la mer étoit toûjours agitée, & les vagues paffoient par deffus notre Vaiffeau depuis la poupe jufqu'à la proue. Cette agitation continuelle fit ouvrir nos anciennes voyes d'eau, & les nouvelles Pompes nous furent d'un grand fecours dans cette occafion.

Le 18. nous gouvernâmes au Nord, à la faveur d'un vent de Sud'Oueft. La mer devenue plus calme nous permit de nous approcher du Vaiffeau de Monfieur de la Fond, qui étoit en fort mauvais état. Le Capitaine nous dit que fon Equipage ne pouvoit pas fuffire à pomper l'eau qui entroit dans fon Vaiffeau de tous les côtez, que fes Mâts étoient offenfez, & qu'il n'ofoit les charger de

voi-

voiles. Monſieur de la Perche, dont
le Vaiſſeau étoit neuf, nous dit qu'il a-
voit auſſi ſes incommoditez, & qu'il a-
voit une voye d'eau hors de l'eau, qui,
lorſque la mer étoit agitée, obligeoit
ſon Equipage à pomper continuelle-
ment.

Le 19. le calme ſucceda à l'orage.
J'allai dîner à bord du Vaiſſeau de Monſieur de la Perche, qui m'engagea à reſter
avec lui juſqu'à la vûe des Côtes du Breſil. Je reçûs avec plaiſir cette offre: ſon
Vaiſſeau étoit meilleur que le nôtre, &
je n'avois pas le chagrin de voir un Equipage dans un travail continuel. Je ne
vous dis rien, Monſieur, de cette Navigation. Il y a mille Relations qui en
parlent: car ſoit qu'on aille aux Indes
Orientales, ſoit qu'on en revienne, il
faut neceſſairement paſſer le Cap de Bonne Eſperance, à moins qu'on ne veuil-
le aller aux Indes Orientales par les Occidentales, comme j'ai fait dans ce
Voyage, alors on fait le Tour du
Monde.

Lorſque nous arrivâmes à la latitude
de 28. degrez, nous trouvâmes les vents
aliſez qui furent conſtans juſqu'à la vûe
du Breſil où nous voulions relâcher. Il

ne faut pas aller reconnoître cette côte vers le Sud, quand on veut entrer dans la Baye de tous les Saints ; il faut au contraire aborder au Nord de cette Baye, parce qu'on trouve les vents & les courans favorables, & qu'on les trouveroit contraires si on abordoit au Sud. Nous eûmes connoissance de la Côte du Bresil à 8. lieues au Nord de la Baye de tous les Saints. Nous trouvâmes plusieurs Batteaux de Negres Pêcheurs, ou plûtôt plusieurs troncs d'arbres liez ensemble, sur lesquels deux ou trois Esclaves se mettent & s'éloignent de terre jusqu'à cinq lieues en mer. Je retournai à bord de notre Vaisseau où je trouvai les mêmes embarras & les mêmes fatigues.

Le 16. de Novembre à dix heures, du matin, nous reconnûmes le Fort S. Antoine, qui est bâti sur une des pointes qui forment l'entrée de la Baye de tous les Saints. Notre Vaisseau y entra le premier, & lorsque nous fûmes à une lieue de la Ville de *San-Salvador*, à mi-Baye, on nous tira un coup de Canon d'un petit Fort qui est au milieu du Port. Nous crumes que c'étoit un signal pour nous avertir de ne pas avancer plus avant, & de jetter l'ancre. Nous saluâmes la
Ville

Ville de sept coups de Canon, & on nous répondit de trois coups, aussi-bien qu'aux deux Vaisseaux de notre compagnie.

Le Directeur de notre Vaisseau s'embarqua aussi-tôt dans la Chaloupe pour aller saluer le Viceroi, & lui demander sa protection & du secours. Nous en avions en effet un extrême besoin. L'eau entroit de toutes parts dans le Vaisseau, & il étoit impossible qu'il pût tenir la mer en cet état. Le Viceroi fit un acueil obligeant au Directeur, & lui dit qu'il étoit très-mortifié de ce que les Ordres. du Roi son maître étoient si peu favorables aux Vaisseaux étrangers, que les François surtout en étoient la cause & l'occasion, que plusieurs Navires de notre Nation ayant relâché dans les Ports du Bresil, non contens d'y avoir fait le commerce contre les deffenses du Roi de Portugal, avoient encore emporté beaucoup de Tabac; que les Ordres de son maître portoient que tous Vaisseaux étrangers qui viendroient dans les Ports du Bresil seroient confisquez, à moins que quelque necessité urgente & reconnue ne l'exemptât de cette Loi; que pour cet effet on accordoit 24. heures

aux

aux Vaiſſeaux pour ſe reſoudre, ou à ſe mettre ſous le Canon du Fort pour ſubir un examen rigoureux ou à ſe retirer ſans recevoir aucun ſecours : que parce qu'il avoit ſuppoſé que nous ignorions ces Ordres, il avoit fait tirer un coup de Canon pour nous empêcher d'entrer dans le Port ; que ſi nous étions dans le mauvais état que nous expoſions, nous pouvions entrer ſans crainte, que l'affection & l'eſtime qu'il avoit pour notre Nation l'engageroit à nous donner tous les ſecours qui dépendroient de lui.

Le Viceroi tint le même langage avec les Directeurs des autres Vaiſſeaux. On tint conſeil, & on délibera ſur ce que nous avions à faire. Il étoit viſible que notre Vaiſſeau & celui de Monſieur de la Fond étoient hors d'état de tenir plus long-tems la mer : malgré la rigueur de l'examen dont on nous menaçoit, nos neceſſitez étoient trop évidentes pour en craindre les ſuites. Il n'en étoit pas ainſi du Vaiſſeau de Monſieur de la Perche, il étoit en bon état, & il pouvoit continuer ſon voyage en faiſant quelque proviſion nouvelle d'eau & de vin. M. de la Perche aima donc mieux ſe reſoudre au départ, que de courir le riſque d'être
con-

confifqué. Cependant le Viceroi qui l'eftimoit, & qui l'avoit déja vû dans ce Port trois ans auparavant, lui fit dire fecretement de refter deux ou trois jours dans la Baye fans s'aprocher du Port, & qu'il auroit foin de lui faire porter des provifions pour fon retour en Europe: il s'excufa même d'une maniere fort honnête de ce que les Ordres de fon Maître l'obligeoient à en ufer avec tant de rigueur.

Le Directeur de notre Vaiffeau reçût un gros paquet de Lettres que nos Armateurs avoient envoyé par la Flotte de Lisbonne. Je ne faurois vous témoigner la joye que je reffentis en voyant parmi ces Lettres un paquet qui m'étoit adreffé. Je reconnus votre écriture, & je lus avec empreffement les nouvelles que vous me mandiez. Ma fatisfaction fut fans pareille, lorfque je connus par vos expreffions que vous confervez pour moi les tendres fentimens que vous aviez autrefois, & qu'une abfence de cinq années n'a point affoibli une eftime que je cherirai éternellement.

Après avoir encore quelque tems déliberé fur le parti que nous avions à prendre, nous prîmes celui d'entrer dans le
Port

Port. Nous jettâmes l'ancre près de la Forteresse de la mer. Auſſi-tôt les Miniſtres du Conſeil *da Fazienda* envoyerent huit Gardes dans notre Vaiſſeau. Le Capitaine & un Officier furent mis en ôtage chez un Marchand de la Ville, formalité établie pour mieux s'aſſurer des Vaiſſeaux. On nous intima une défenſe de deſcendre à terre ſous quelque pretexte que ce fut, & on prépara toutes choſes pour la viſite qui ſe devoit faire le lendemain.

Le 15. le Juge nommé par les Portugais de *Sembargador* vint avec pluſieurs Écrivains connoître & examiner l'état de notre Vaiſſeau, & nos beſoins. A leur air grave, ſerieux & compoſé, on auroit dit qu'ils alloient décider de nos vies. Quoique nos neceſſitez, comme je vous l'ai déja dit, fuſſent évidentes, nous jugeâmes néanmoins à propos de gagner la bienveillance & l'amitié de tous ces Meſſieurs par des preſens : l'un leur donnoit une Boëte de Thé, l'autre des Eventails, celui-ci des Bonnets brodez, celui-là des Curioſitez Chinoiſes ; en un mot chacun faiſoit ſon préſent. Mais ces Juges n'en étoient pas moins graves, ils recevoient tout gravement,
& la

& la feule reconnoiffance qu'ils tcmoi-
gnoient étoit de nous promettre qu'ils
nous remercieroient quand notre affaire
feroit finie. Le Capitaine leur avoit promis avant que de quitter le Vaiffeau des
préfens confiderables, ainfi ils regar-
doient les notres comme des bagatelles.

On produifit le Journal de nôtre voyage, les Livres de vente, d'achat des
Marchandifes, tant du Perou que de la
Chine. Nos Matelots furent interro-
gez l'un après l'autre, & on leur demanda fi en partant de *Mafcarin* notre
intention étoit de relâcher dans cette Ea-
ye: chacun répondit fuivant fes inftructions. Les Maîtres Charpentiers du
Port vifiterent exactement le Vaiffeau,
& déciderent qu'il avoit non feulement
befoin d'être carenné, mais encore qu'il
étoit impoffible qu'il pût jamais retourner en Europe. Ils exagererent tellement les chofes, que l'Equipage en fut
allarmé.

Après cet examen, on nous accorda
la liberté d'aller à terre. J'allai faluer le
Viccroi. Je n'ai jamais vû un Seigneur
plus affable & plus ami de la Nation
Françoife. Le Brefil n'avoit jamais été
gou-

gouverné que par des Capitaines Gene-
raux, mais le Roi de Portugal ayant
appris qu'on commettoit des defordres
infinis dans ces Colonies, a érigé depuis peu ce Gouvernement en Viceroi-
auté en faveur de ce Viceroi. Ce Seigneur tire fon origine des Rois de Portugal, de la Maifon de Bragance: il eft
Comte de Villaverde, Marquis d'Anje-
gas, Grand de Portugal, Surintendant
General de la Marine & des Finances,
& Commandeur de l'Ordre de Chrift.
Dans ces dernieres guerres il étoit Generaliffime de la Cavalerie Portugaife. Il
y a quatre ans qu'il commande dans toutes ces Colonies, & il doit retourner en
Europe par la premiére Flotte. J'ai
trouvé dans cette Ville un François qui,
après la révocation de l'Edit de Nantes,
fe retira en Angleterre, où il fervit long-
tems en qualité de Colonel d'Infanterie.
Ayant été enfuite envoyé en Portugal
avec Mylord Gallowai, le Roi de Portugal le demanda à la Reine d'Angleterre,
& le fit Brigadier de fes Armées. Il a
parcouru tout le Brefil, où il a tracé
diverfes Fortifications, furtout à *Rio-
Geneiro*: il travaille actuellement à celle
de cette Ville ; c'eft un homme favant,
plein

plein d'érudition, & d'un commerce agréable.

Le Vaiſſeau de Monſieur de la Fond eſt en ſi mauvais état que les Charpentiers du Port ont décidé qu'il falloit l'abandonner. Je ne ſai encore quel parti il prendra-là-deſſus. M. de la Perche partira demain, & il arrivera en Europe long-tems avant nous, car ſelon les apparences, nous reſterons ici plus que nous ne voudrions. Tout s'y fait avec une lenteur étonnante, & pour la moindre affaire, il faut une Requête en forme. Le Viceroi ne veut rien faire ſans l'avis de ſon Conſeil, de peur de ſe rendre ſuſpect à des gens qui n'aiment pas ſon Gouvernement, parce qu'il eſt très-rigide, & qu'il condamne à la mort les aſſaſſins & les voleurs, choſe inouïe dans ces Colonies, où les peuples commettoient autrefois toutes ſortes de crimes impunément. Ce Seigneur appréhende qu'on ne lui faſſe un crime de l'amitié qu'il a pour notre Nation, & quoiqu'il nous accable d'honnêtetez, nous nous appercevons avec plaiſir & avec reconnoiſſance qu'il voudroit encore nous donner des preuves plus ſenſibles de ſes bontez.

Je

Je donne cette Lettre à M. de la Perche qui m'a promis de vous la remettre en main. Vous ne ferez pas fâché de le connoître; c'eft une perfonne que j'eftime infiniment. Vous ne verrez point en lui cette rufticité fi ordinaire aux Eleves de Neptune, & vous me remercierez un jour de vous avoir procuré la connoiffance d'une perfonne d'un commerce fi aimable. Je fuis, &c.

LETTRE QUINZIE'ME.

En Mer, à 30. lieües de la Bvye de tous les Saints, le 18. Fevrier 1718.

VOus ferez fans doute furpris, Monfieur, d'apprendre l'arrivée de M. de la Fond, & de ne point entendre parler de la nôtre. Le Seigneur a confondu notre prudence, & a renverfé nos projets. Un nouveau caprice de la fortune nous éloigne de la chere Patrie, & je ne fai même encore s'il nous fera permis un jour de la revoir. Tout femble s'oppofer à nos deffeins, & la
pa-

patience, dont nous avons fait tant de fois un trifte & ennuyeux ufage, devient plus neceffaire que jamais. Mais à quoi fert la plainte? Elle aigrit l'efprit fans corriger les malheurs. Je m'attendois à vous raconter bien-tôt dans un tête à tête toutes les particularitez que j'ai re-marquées au Brefil, il faut maintenant vous les écrire, & vous faire un détail de tout ce qui nous eft arrivé.

Vous avez vû dans ma derniere Let-tre de quelle maniere nous avions été traitez à notre arrivée. Lorfque nos neceffitez furent connues, nous eûmes la liberté de prendre un Logis dans la Ville, à condition que nous n'y ferions aucun commerce fous peine de confifca-tion du Vaiffeau, &c.

Les Juges (à qui l'efperance des pré-fens que leur avoit promis le Capitaine avoit ôté une partie de leur gravité) nous exhortoient fans ceffe à l'obfervation de cette Claufe, quoiqu'à parler fainement il étoit aifé de connoître que tous leurs difcours n'étoient que grimaces. Les Gardes qui étoient dans notre Vaiffeau étoient leurs créatures, & ils nous of-froient tous les jours leurs fervices, foit pour faire introduire des marchandifes dans la Ville, foit pour en permettre le trafic dans le Vaiſſeau même. On voyoit pendant la nuit roder autour du Vaiſſeau des Batteaux pleins de Négocians qui avoient pour le moins autant d'envie d'acheter que nous en avions de vendre : mais les nôtres balancerent quelque-tems, incertains ſi c'étoit un piege qu'on leur tendoit, ou un deſir ſincere de faire un commerce franc & loyal ; cependant on s'accoûtuma peu à peu à trafiquer, malgré les Ordres rigoureux, & les ſuites fâcheuſes qui étoient attachées à ce commerce.

Il y avoit quinze jours que nous étions dans le Port, & le *Provéedor mor* ou l'Intendant de la Marine n'avoit encore rien déterminé pour la carenne de notre Vaiſſeau. Il ſembloit que pour une plus grande facilité, il convenoit de décharger les marchandiſes, & de les mettre dans quelque Magaſin, mais cette permiſſion nous fut réfuſée d'une maniere qui nous fit connoître que nos prieres & nos raiſons ſeroient inutiles. D'un autre côté les Ouvriers ne vouloient point travailler à notre Vaiſſeau ſans en avoir reçû l'ordre des Juges, & ces Juges ſe hâtoient lentement, afin d'obli-

ger

ger le Capitaine à s'expliquer fur les
prefens qu'ils demandoient lors même
qu'ils feignoient de les refufer. Leurs déliberations étoient lentes, & il falloit
entaffer Requêtes fur Requêtes pour
obtenir les moindres chofes. Le Viceroi connoiffoit affez l'intention des Juges, & il n'ignoroit pas que fous le voile
d'une exactitude fcrupuleufe, ils ca-
choient des deffeins intereffez, mais il ne
vouloit point fe mêler trop ouvertement
de cette affaire.

Enfin le Capitaine de notre Vaiffeau,
toûjours riche en promeffes, en fit de fi
belles à tous les Juges, que nos affaires
prirent un autre train en peu de jours.
M. de la Fond ayant connu que fon
Vaiffeau ne pouvoit plus tenir la mer,
fût femer fon argent fi à propos, qu'il
obtint du Confeil, par une grace fpe-
ciale, la permiffion de frêter un Vaiffeau Portugais pour continuer fa route en
Europe, & de vendre tous les agrès de
celui qu'il abandonnoit. On partagea
entre nos deux Vaiffeaux les Charpentiers, & les autres Ouvriers du Port.

Notre Equipage, qui s'étoit tenu dans
le devoir pendant le cours du voyage, fe
révolta trois femaines après notre arri-

véc. Depuis la Chine jufqu'au Brefil, nous avions fouffert une grande difette de vin; l'abondance fut dans ce Port la fource de la difcorde & de la revolte. Les Matelots s'enyvroient tous les jours, & l'amour de la débauche leur ôtoit celui du travail & de leur devoir. Les Officiers voulurent remedier à ce libertinage en les empêchant de faire venir du vin de la Ville, & en ne donnant à un chacun que la quantité de vin & d'eau-de-vie qu'il pouvoit boire fans s'incommoder. Les Matelots devenus furieux par cette reforme, firent un complot entr'eux, & on peut dire que dans cette occafion l'amour du vin caufa les mêmes effets, & aliena autant leur Raifon que l'yvreffe & l'excès.

Ceux qui jufqu'alors avoient paru les plus raifonnables, cefferent de l'être, ils enleverent le vin deftiné pour la provifion du Vaiffeau, & après avoir maltraité les Officiers qui voulurent s'oppofer à ce defordre, ils s'emparerent du coffre d'armes, & menacerent de jetter à la mer tous ceux qui voudroient refifter. Comme ils avoient témoigné autrefois beaucoup de refpect pour les paffagérs, & que nous crûmes que notre prefence

les

les mettroit à la raison, nous nous mêlâmes parmi eux l'Epée à la main en les
menaçant, mais ils nous rendirent menaces pour menaces. La revolte étoit
trop échauffée pour oser en venir aux
voyes de fait, & il étoit à craindre que
leur colere ne dégenerât en fureur, &
ne les aveuglât jusqu'à executer leurs
menaces. On ne pouvoit discerner quels
étoient les mutins, aucun ne parloit seul,
tous parloient ensemble ; ce n'étoient
que plaintes confuses, que clameurs, &
demandes insolentes. Toute la troupe
étoit brave, quoique peut-être chaque
particulier fût lâche. Dans de pareilles
émotions, employer la rigueur, c'est
aigrir les esprits: dissimuler, tempori-
ser, ou acquiescer à la volonté des mutins, c'est montrer que l'on craint, &
augmenter leur insolence, l'alternative
est également dangereuse.

Cependant le Viceroi sachant ce qui
se passoit dans notre Vaisseau, envoya
une Compagnie de Grenadiers à notre
secours. A peine la Chaloupe de ces
Soldats eut abordé notre Vaisseau, que
nos Matelots furent saisis de frayeur.
Les plus mutins prenoient les armes, &
les laissoient ensuite sans savoir à quoi se

re-

refoudre. Alors les Officiers reprenant
courage à mefure que les Matelots le
perdoient, firent lier trente des plus furieux, & ceux-là furtout qui avoient donné le fignal de la revolte. On les con-
duifit dans les Prifons de la Ville. Le
Viceroi leur ayant demandé quelles é-
toient les raifons qui les avoient engagez à
fe revolter, ils répondirent qu'ayant
voulu quitter le Vaiffeau à caufe des Pi-
rateries que nous avions exercée, les
Officiers s'étoient oppofez à un deffein
fi jufte; qu'il étoit faux que nous euffions fait le voyage de la Chine, que nous
étions Forbans, & que nous avions enlevé un Vaiffeau François venant de la
Chine, dont nous avions auffi pris le
nom & le paffeport pour pouvoir entrer
impunément dans cette Baye. Ces accu-
fations firent peu d'impreffion fur l'efprit
du Viceroi, homme éclairé & integre.
Cependant M. de la Fond fit connoître
aux Juges notre innocence, en faifant
entendre tous les Matelots de fon Equipage qui témoignerent que les calomnies
dont on nous chargeoit étoient fans aucun fondement, &c. Le Viceroi fit
mettre ces malheureux dans un Cachot,
& ordonna aux Juges du Pays de faire un
pro-

procès verbal de tout ce qui s'étoit passé,
afin que nous puffions livrer les Criminels
à la Juftice à notre retour en France. Je
ne fai pas encore quelle fuite aura cette
revolte.

Le Matelot eft un animal qu'on ne
peut bien définir. Si on a quelqu'indulgence pour fes fautes, l'impunité le rend
orgueilleux, & femble lui donner un nouveau droit de s'écarter de fon devoir; fi
on le traite trop rudement, il fe plaint,
il menace, il deferte, ou fait quelque
chofe encore pire. Il ne faut avoir pour
lui ni une pitié trop complaifante, ni une
rigueur trop outrée; en un mot on ne
doit lui faire ni tort ni grace, & malheureux eft le Capitaine ou l'Officier qui
fe familiarife trop avec fon Equipage.
La familiarité eft la fource de tous les
defordres.

Notre Equipage ayant été affoibli par
la détention des mutins, nous prîmes des
Matelots Portugais pour travailler à la
carenne de notre Vaiffeau. On tranfpor-
ta les marchandifes dans deux Vaiffeaux
Portugais. Le Capitaine fit dédoubler
fon Vaiffeau, croyant qu'il feroit meilleur voilier lorfqu'il feroit moins chargé
de bois. Son intention étoit bonne, mais

ce

ce changement a été la caufe du malheur
qui nous oblige aujourd'hui de retourner
à la Baye de tous les Saints.

On a fait tant de Relations du Brefil,
que je m'étendrai peu fur cette Partie de
l'Amérique. Il y a environ quatre-vingt
ans que les Hollandois s'emparerent des
Places Maritimes, ayant crû qu'ils pouvoient acquerir fur les Portugais le même droit de conquête que ceux-ci a-
voient acquis fur les Indiens. Les Portugais, à qui ils avoient deja enlevé toutes
les Places qu'ils avoient conquis dans les
Indes Orientales, ranimerent leur courage, & après plufieurs combats, ils
chafferent les Hollandois du Brefil. Bar-
læus Hiftorien d'Anvers a écrit en Langue Latine l'Hiftoire de cette guerre, &
de tout ce qui fe paffa fous le Gouvernement du Comte Maurice de Naffau qui
étoit Generaliffime des Hollandois dans
le Brefil.

Pendant que les Hollandois furent maîtres de ce Pays, ils bâtirent plufieurs
Forterefles, & tracerent d'autres Ouvrages qui les auroient maintenus dans la
poffeffion de leur conquête, fi les Portugais leur avoient donné le tems de les
achever. On voit encore les reftes de
leurs

leurs travaux aux environs de la Baye de tous les Saints, & on peut dire qu'ils firent plus d'ouvrage en deux ou trois ans, que les Portugais n'en ont fait avant leur arrivée, & après leur retraite.

La Baye de tous les Saints a 12. lieues de large, mais elle est peu naviguable en plusieurs endroits, à cause des bancs de sable & des écueils qui s'y trouvent. Il y a de petites Isles, peu distantes les unes des autres, où les Portugais ont des Pêcheries, des Plantations de Sucre & de Tabac.

La Ville de *Sansalvador* est située à l'entrée de cette Baye. Son Port est beau, mais il pourroit l'être davantage si l'art & l'industrie aidoient un peu à la nature. Le Viceroi a entrepris d'y faire travailler, & si l'on execute son dessein, ce Port sera un des meilleurs de l'Amérique.

La Ville est divisée en haute & basse Ville. Tous les Marchands, les gens d'affaires & de mer font leur demeure dans la basse Ville à cause de la commodité du Port. Il s'y fait un grand commerce, & ce lieu fournit à l'autre toutes les denrées qui viennent du fond de la Baye. Il y a un Arsenal & des Magasins Royaux où l'on conserve tout ce qui sert à la construction des Vaisseaux.

F 5 Cette

Cette baffe Ville eft au pied d'une montagne peu haute, mais fort efcarpée; elle n'a rien de beau ni de curieux, & il
m'a paru que le tumulte & la confufion
en rendoient le fejour incommode & ennuyeux.

Depuis quelques années le Roi de Portugal fait conftruire des Vaiffeaux dans
tous les Ports du Brefil, furtout à *Rio
Geneyro*, & à la Baye de tous les Saints.
Ces Vaiffeaux s'équipent avec beaucoup
moins de frais qu'en Europe; le Pays
fournit du bois en abondance, & le meilleur qu'on puiffe fouhaiter pour la conftruction des Vaiffeaux, non feulement
pour la mâture, mais encore pour les
pompes, doublage, courbes, gouver-
nails, &c. c'eft un bois incorruptible.
Je fuis étonné que dans nos Colonies de
l'Amérique, où l'on trouveroit les mêmes fecours, on ne fe foit point encore
avifé d'y conftruire des Vaiffeaux, ou
du moins d'envoyer en France des planches de doublage, dans lefquelles les
vers ne peuvent s'infinuer; on n'ignore
pas que ce font les vers qui pourriffent
nos Vaiffeaux, furtout dans la Medi-
terrannée, & qui font qu'ils durent fi
peu.

La

La haute Ville eſt ſituée ſur le ſommet de la montagne. Les maiſons aſſez
grandes & commodes, mais l'inégalité
du terrain leur ôte une partie de leur or-
nement, & rend les ruës déſagréables.
La grande place qui eſt quarrée, eſt au
milieu de la Ville. Le Palais du Viceroi, la Maiſon de Ville, & celle de la
Monnoye, en forment les quatre faces.
Ces Edifices n'ont rien de fort remarqua-
ble, ſi ce n'eſt qu'ils ſont bâtis de pierres qui ſont venues de Lisbonne, parce
que le Pays n'en fournit aucunes qui
ſoient propres à la conſtruction des Bâtimens. Comme chacun fit bâtir ſa maiſon à ſa fantaiſie, tout eſt irrégulier, de-
ſorte qu'il paroît que la Place principale
ne ſe trouve là que par hazard.

Il y a pluſieurs Monaſteres. Celui des
Jeſuites eſt ſitué dans le lieu le plus
agréable de la Ville, & c'eſt ſans doute
le plus beau, le plus vaſte, & le plus riche Edifice : on y admire ſurtout la Sa-
criſtie, dont tout le lambris eſt d'écaille
de Tortue miſe en œuvre d'une maniere
fort délicate. Les Carmes, les Cordeliers,
les Capucins & les Recolets ont auſſi leurs
Couvens ; leurs Egliſes ſont propres, mais
elles le ſont beaucoup moins que celles

du

du Perou.   La Cathedrale est un Edifice qui de loin a quelque apparence, &
qui n'est rien en effet. La Nef est étran-
glée, mais si la dorure peut rendre une
Eglise belle, celle-ci doit l'emporter sur
toutes les autres.   Il y a aussi des Par-
roisses desservies par des Prêtres Seculiers; deux Couvens de Filles, l'un de
l'Ordre de Sainte Claire, & un autre qui
est destiné à la retraite des jeunes filles
qui ont été exposées & abandonnées au
moment de leur naissance.   Ces sortes
d'enfans font fort considerez dans ce Païs :
le Roi les adopte, & les Dames les plus
qualifiées se font un honneur de les retirer dans leurs maisons, & de les élever
comme leurs propres enfans. Cette cha-
rité est bien louable, mais elle est sujet-
te à bien des inconvéniens.

La Ville de *Sansalvador* est le Siege
de l'Archevêque.   Les Benedictins ont
une Abbaye célèbre, & indépendante
dd la Jurisdiction Archiepiscopale. Leur
Eglise sera magnifique lorsque le dessein
& le plan seront executez.   La Ville est
plus large; elle est petite, si on la renferme entre ses portes, mais si on y com-
prend les Fauxbourgs, elle peut passer
pour une assez grande Ville.

Le Gouvernement étend sa Jurisdiction sur tout le Bresil. Le Viceroi est le Chef du Conseil, & peut décider souverainement de toutes les affaires. Il y a deux Conseils, l'un nommé par les Portugais *Conseilho da relaçaon*, où se rapportent tous les Procès Criminels, l'autre appellé *Conseilho da fazienda*, qui juge des affaires du Commerce. La Justice est fort lente dans ce Païs, & on brouille plus de papier en un mois dans un de ces Tribunaux, qu'en France dans un an chez un Procureur un peu achalandé. Ces Tribunaux, par une politique semblable à celle des Espagnols du Perou dont je vous ai déja parlé, n'osoient autrefois punir un Portugais, & encore moins le condamner à la mort : mais le nouveau Viceroi a rompu la glace, & il fait peu de grace aux Criminels si-tôt qu'ils sont convaincus ; cependant il ne peut s'empêcher de suivre les Loix du Pays, & il faut tant de formalitez pour convaincre un Criminel, que quand il reçoit sa Sentence de mort, on peut conclure qu'il l'a bien méritée.

Le commerce est considerable au

F 7   Bre-

Brefil, & le luxe de fes Habitans le rend neceffaire. Le Pays produit du Sucre, & du Tabac en abondance, & les mines donnent beaucoup d'or. On envoye chaque année de Lisbonne deux Flottes, l'une pour *Rio Geneyro*, & l'autre pour la Baye de tous les Saints ; quelquefois il en part une troifiéme pour *Fernanbucco*. Ces Flottes font nombreufes, & les Vaiffeaux font chargez de marchandifes d'Europe, comme Soyeries de Gênes, Draps d'Angleterre & de Hollande tiffus d'or & d'argent de Paris, & de Lyon, du vin, des huiles, de la farine, des viandes falées, &c. Les Marchands de Lisbonne & de *Porto* ont dans ce Pays des Commiffionnaires qui fe chargent de la vente de ces marchandifes, & qui en renvoyent le produit l'année fuivante en Sucre, en Tabac, & en Poudre d'or. Les Flottes font peu de féjour au Brefil, parce qu'on prépare leur Cargaifon pendant le cours de l'année, & que tout eft prêt lorfqu'elles arrivent.

Les Habitans du Brefil fe peuvent diftinguer en trois claffes ; en Maîtres de plantations de Sucre, &c. en Commiffionnaires de Portugal, & en gens de mer. Les premiers achettent des Efclaves

ves autant qu'ils en ont befoin, foit pour
cultiver les terres, foit pour travailler
aux mines. Ils attendent l'arrivée de la
Flotte fur laquelle ils chargent leurs Su-
cres, Tabac, &c. & reçoivent l'année
fuivante au retour des Vaiffeaux l'équi-
valent en denrées d'Europe. Les Commiffionnaires achettent le Sucre & le
Tabac de ceux qui ne les veulent pas
envoyer en Portugal pour leur compte,
& l'échangent avec les marchandifes
d'Europe qu'ils ont reçûes l'année précedente. Enfin les gens de mer font
ceux qui naviguent aux Côtes de Guinée, & qui y vont faire le trafic des
Efclaves. Je ne parle point des gens de
Juftice, qui font fouvent Commiffionnaires, Marchands & Maîtres de plantations, ni des Officiers de guerre qui
font auffi le commerce par la facilité qu'il
y a à le faire.

Les gens de mer qui naviguent aux
Côtes de Guinée chargent leurs Vaiffeaux
de Tabac, & quelquefois de gros draps
d'Angleterre qu'ils échangent pour des
Efclaves de l'un & de l'autre fexe. Ce
commerce eft affez avantageux quand la
mortalité ne fe met point dans les Vaiffeaux, mais il arrive fouvent qu'étant
trop

trop chargez d'efclaves, la mort en enleve une grande partie, foit par la difette des vivres, foit par la malproprcté,
& par d'autres accidens: j'ajoûterai que
la mélancolie eft un poifon qui en tue
plufieurs. On voit communément en
Guinée le mari vendre fa femme, & le
pere fes enfans. Ces malheureux, qui
tout groffiers qu'ils paroiffent, ne laiffent
pas de refléchir, regrettent leur Patrie,
& pleurent la perte de leur liberté; de
forte que le chagrin, la douleur, & fouvent même le defefpoir caufent leur
mort.

Le Brefil conferve beaucoup d'Efclaves, & ils deviennent aujourd'hui rares
dans les mines. Cependant il en vient
tous les ans plus de 25000: dans la Baye
de tous les Saints, & on en compte plus
de 15000. dans la Ville de Sanfalvador.
On peut juger par là du nombre qui eft
répandu dans le Païs. Il n'y a point de
Portugais qui n'ait dans cette Ville une
douzaine de Noirs, foit pour fon fervi-
ce, foit pour l'interêt qu'il en retire en
les louant au Public.

Ces Efclaves apportent beaucoup de
confufion dans les Villes, & quoiqu'on
les châtie rigoureufement, il arrive ce-
pen-

pendant tous les jours quelque nouveau
defordre. Ils font voleurs, traîtres, &
capables des plus grands crimes. Les
Portugais choififfent parmi leurs Efclaves ceux qui font les mieux faits, & qui
témoignent le plus de courage : ils en
font leurs braves en leur donnant la Dague & l'Epée. Il y en a à qui la brutalité tient lieu de courage, & qui com-
battent avec ardeur en faveur de leurs
maîtres. Quelques-uns font libres, ou
par la bonne volonté de ceux qui leur
donnent la liberté pour prix de leurs travaux, ou par l'argent qu'ils donnent
pour fe racheter. Tous ces Efclaves
font dangereux, & les Portugais naturels du Brefil s'en fervent communément
pour vanger leurs injures, & faire affaffi-
ner leurs ennemis. Ces malheureux ne
font que trop fideles dans leurs promeffes,
& ils commettent promptement & fans
fcrupule tous les crimes qu'on exige deux.
Mauvaife politique de permettre à des
Efclaves l'ufage des armes. Je me fuis
cent fois étonné de ce qu'ils ne s'en font
point encore fervi contre leurs maîtres,
& de ce qu'ils n'ont encore ofé fe foû-
mettre un Païs où leur grand nombre,
& l'indulgence aveugle qu'on a pour eux,

font

font un pretexte heureux, & une occafion favorable. Le Brefil n'eft en effet qu'un repaire de voleurs & d'affaffins : on n'y voit aucune fubordination, aucune obéiffance. L'Artifan avec la Dague & l'Epée infulte l'honnête homme, & le traite d'égal, parce qu'ils font égaux dans la couleur du vifage. Le Viceroi a fait de vains efforts pour remedier à ces defordres : un long ufage a prévalu à fes bonnes intentions. Les Efclaves qu'on envoye aux mines font obligez de fournir chaque jour à leurs maîtres une quantité d'or limitée. Si ce qu'ils retirent des mines dans un jour furpaffe leurs conventions, ils le gardent pour fupléer à ce qui peut manquer un autre jour. Le maître ne donne à fon Efclave que fept livres de racine de Mandioc par femaine, & l'Efclave fe procure le refte de fes neceffitez par fon travail, & le plus fouvent par fes larcins.

Depuis quelques années, les Portugais ont négligé le foin de leurs plantations, & ils aiment mieux envoyer leurs Efclaves aux mines que de les employer utilement à l'Agriculture. Cette conduite a fes inconvéniens. La quantité de Sucre & de Tabac diminue infenfible-

ment

ment, & la farine de Mandioc, qui eſt leur nourriture la plus ordinaire, devient rare. Il eſt à craindre que la famine ne ſoit une ſuite de cette avidité mal entendue. Si les Flottes de Lisbonne, qui ont coûtume de leur porter des farines toutes les années, ceſſoient de faire ce voyage (ce qui peut arriver par les tempêtes, par les guerres, ou par d'autres accidens) ils ſeroient réduits à manger les feuilles des arbres, ou des fruits ſauvages, auſſi déſagréables au goût que contraires à la ſanté.

Les Portugais ont peu de délicateſſe dans leurs manieres de manger: ils ne vivent que de viandes ſalées, & de poiſſon ſec. Les vivres ſont fort chers, & on vit mieux generalement en France pour un demi écu, qu'on ne vit au Breſil pour quatre écus. Les peuples aiment mieux garder leur argent pour briller & étaler leur magnificence dans une fête, que d'en faire uſage pour leur nourriture. C'eſt-là le vice general. En effet s'agit-il de faire une Fête en l'honneur d'un Saint, ils dépenſent le revenu d'une année en courſes de Taureaux, en Comédies, en Sermons, en Ornemens d'Egliſe, & ils meurent de faim

le

le reſte de l'année. Si on ôtoit aux
Portugais leurs Saints & leurs Maîtreſſes, ils deviendroient trop riches.
Je ne prétends point blâmer par là le
Culte des Saints, je ne condamne que
la maniere de le rendre. On tire beaucoup d'or des mines du Breſil, & le
quint du Roi de Portugal produit tous
les ans pluſieurs millions. Le Royaume néanmoins profite peu de tant de
richeſſes. Les Anglois, les Hollandois
enlevent tout l'or du Breſil, en four-
niſſant au Portugal les Manufactures
dont ce Royaume a beſoin : Les François n'en enlevent qu'une legere partie, à
cauſe de la cherté de leurs Manufactures.
Le Roi de Portugal aſſembla l'an 1709.
ſon Conſeil, & on y agita long-tems s'il
n'étoit pas plus à propos de garder dans
le Royaume l'or du Breſil, que de le
faire circuler chez les voiſins par le commerce. Nous reſſemblons, diſoient-ils,
aux Abeilles, nous travaillons envain aux
Mines, tandis que les Etrangers recueil-
lent le fruit de nos travaux. Le luxe eſt
la ruine des Etats : qu'avons-nous à faire
des Etoffes de France, des Draps d'Angleterre, &c.

Etabliſſons dans ce Royaume des Ma-
nufactu-

nufactures qui fuffifent à nos befoins; ne multiplions point nos neceffitez, & toutes ces bagatelles étrangeres deviendront inutiles & fuperflues ; nous refterons maîtres de notre or, & en confervant nos richeffes, nous augmenterons notre puiffance. La Providence (dit alors My-lord Galloway, qui étoit General des Anglois en Portugal) la Providence a bien reglé toutes chofes. La France, l'Angleterre, & les Païs du Nord font des Pays pauvres, la terre n'y produit que du fer, du plomb, & d'autres Metaux auffi groffiers: l'induftrie des habitans a fuppléé à cette pauvreté, & les Peuples font devenus laborieux par neceffité. Les Rois d'Efpagne & de Portugal font maîtres d'un nouveau Monde, où la terre forme dans fon fein l'or & l'argent ; cette abondance a rendu les Peuples indolens, & ils ont crû qu'avec deux Métaux fi précieux, ils trouveroient toûjours l'agréable & l'utile. Cet or a enfanté le luxe, mais les peuples ont négligé les chofes qui pouvoient l'entretenir. Ce penchant à l'indolence leur a moins été donné par la nature, qu'infpiré par la Providence. Ils ont été contrains de recourir à leurs voifins, gens pau-

pauvres, mais laborieux, & qui depuis
long-tems leur fourniffent les chofes ne-
ceffaires à la vie. Cette coûtume eft devenue une neceffité : vous la regardez
comme un joug que les Etrangers vous
ont impofé, croyez-moi, ajoûta Mylord
Gallowai, ne fecouez point ce joug: fi
vous vous paffez aifément des François,
des Anglois, &c. ces Peuples ne pour-
ront fe paffer de vous, & ils viendront
à main armée vous arracher cet or qu'ils
regardent comme un dépôt que la Providence a remis entre vos mains. Dieu a
donné aux hommes des talens divers :
vous creufez la terre, & vous cherchez
dans fon fein l'or & l'argent? Nous nous
appliquons à d'autres travaux : vous avez
de l'or, nous avons des Manufactures ;
il n'eft pas jufte que vous ayez l'un &
l'autre. Cette ambition feroit contraire aux decrets de la Providence qui veut
qu'il y ait une efpece d'équilibre par tout
l'Univers. Votre or eft deftiné à l'achat
de nos marchandifes, & nos Marchands
ne travailleroient plus fi vous vous mê-
liez auffi de travailler. Reftez donc dans
votre indolence, puifqu'elle eft le lien
de la focieté entre les peuples de l'Europe.

My-

Mylord Galloway avoit raison, & il semble qu'on a suivi son conseil, du moins nous ne voyons pas jusqu'à present que le Portugal ait changé la forme ancienne de son Gouvernement. Le Quint du Roi est cette année de six millions, mais si la Flotte de *Rio Geneyro* porte en Europe tant de poudre d'or, celle de la Baye de tous les Saints y portera peu de Sucre & de Tabac, & il n'y a cette année que 24000. arbres de Sucre, au lieu que ce Pays en fournissoit autrefois deux fois autant.

La Baye de tous les Saints est assez bien fortifiée. Il y a une Forteresse à la pointe de S. Antoine qui est flanquée de quatre Bastions, & un petit Fort au-dessous avec dix pieces de gros Canon. Ces deux Forteresses defendent l'entrée de la Baye. Monsieur Macé Ingenieur & Brigadier des Armées de Portugal, a tracé la Forteresse de Saint Pierre, & plusieurs autres Fortifications qui feront bien-tôt achevées. Il y a au milieu du Port une Forteresse qu'on rétablit, & qu'on augmente aujourd'hui. L'Arcenal est flanqué de deux Bastions qui commandent le Port. Entre la pointe de Monserat & la Ville, on a éle-

élevé une Citadelle avec un Foſſé large & profond, quatre Baſtions, Redoutes, Glacis, demi-Lune, & Contreſcarpes. A la pointe de Monſerat il y a encore un petit Fort avec douze pieces de Canon. Outre toutes ces Fortifications, il y en a encore deux autres, l'une où l'on fait la poudre à Canon qui eſt ſituée entre la Ville & la pointe de S. Antoine : l'autre où eſt le Magaſin à poudre qui eſt derriere la Ville, & qui commande un grand Lac ou Foſſé que les Hollandois ont creuſé, & qui ſert de Rampart à la Ville. Ainſi la Ville de *San-Jalvador* eſt entourée de la mer d'un côté, & de ce Lac de l'autre. La Garniſon conſiſte en deux Regimens d'Infanterie, trois Regimens de Milice, & un Regiment de Noirs libres. On monte tous les jours la Garde au Palais, & chaque Garde eſt ou doit être de cent hommes. Le Viceroi entretient auſſi quelque Cavalerie pour oppoſer aux incurſions des bandits qui font beaucoup de ravages dans ces Colonies.

Je ne ſais comment définir les habitans de cette Ville, & generalement tous les Portugais natifs du Breſil. Rien n'eſt
plus

plus trompeur que leur physionomie.
Honnêtes & affables en apparence, ils
ne font pas moins adroits que les Chinois à cacher la haine qu'ils ont pour notre Nation, haine de caprice dont ils ne
peuvent rendre d'autre raison que les
Guerres que nous avons faites sur leurs
Côtes, la prise de *Rio Geneyro*, &c. La
Cour du Viceroi est composée d'Officiers qui paroissent les gens du monde les
plus civils, & qui se font une gloire,
disent-ils, d'imiter les manieres Françoi-
ses. Ils nous envoyerent à notre arrivée
des presens de fruits, de confitures, de
vin, &c. Ces liberalitez si peu méri-
tées nous donnerent de la défiance, &
nous reconnûmes bien-tôt que la consi-
deration de leur interêt leur inspiroit une
generosité qui ne leur étoit pas naturelle. En effet ce sont des Parasites affa-
mez qui regardent les Etrangers comme des duppes que la fortune leur
livre. Si l'Etranger tarde trop à témoigner sa reconnoissance pour les services
& les presens qu'il a reçûs de leur part,
ils changent de manieres, & deviennent
ses ennemis. Néanmoins parmi ce grand
nombre d'Escrocs, j'ai vû à la suite du
Viceroi plusiéurs Officiers de Portugal

qui

qui remarquoient auffi-bien que nous les
vices de ces Americains, & qui prati-
quoient avec plaifir les devoirs d'une
honnête focieté.

Les mœurs font corrompues dans ce
Pays, & l'homme y porte un front qui
ne rougit jamais.   Les femmes ne font
pas moins débauchées.: elles vivent dans
un defordre public.   Les Religieux &
les Prêtres Seculiers (outre leur ignorance qui eft honteufe, & au-deffus de toutes les expreffions) ont un commerce public avec les femmes, & on les connoît
plûtôt par le nom de leurs Maîtreffes
que par celui qu'ils ont.   Immodeftes
dans les Eglifes; s'ils écoutent une femme dans le Tribunal de la Pénitence,
ils femblent plûtôt la cajoller que lui inf-
pirer des fentimens de contrition & de
pieté.   Ils courent pendant la nuit tra-
veftis, les uns en femmes, les autres en
habits d'Efclaves, armez de poignards
& d'armes encore plus dangereufes. Les
Couvens mêmes, ces Maifons confacrées
à Dieu, fervent de retraite aux femmes
publiques.   Je ne fais, Monfieur, fi je
dois m'étendre fur leur libertinage ; il
me femble qu'il vaut mieux paffer leurs
crimes fous filence, & puifqu'il n'y a en
eux

eux aucune vertu que je puiſſe louer, du moins je dois cacher leurs vices, & ne pas ſcandaliſer l'Egliſe en révelant les iniquitez de ſes Miniſtres.

Les femmes les plus vertueuſes, c'eſt-à-dire, celles dont le deſordre eſt moins public, font de leurs maiſons un Serail de femmes Eſclaves. Elles les ornent de chaînes d'or, de Bracelets, de Bagues, & de riches dentelles. Ces Eſclaves ont toutes leurs Amans, & leurs Maîtreſſes partagent avec elles les profits de leur infâme commerce. Les Portugais naturels du Breſil préferent la poſſeſſion d'une femme noire ou mulâte, à la plus belle femme. Je leur ai ſouvent demandé d'où procedoit un goût ſi bizarre, mais ils l'ignorent eux-mêmes. Pour moi je crois qu'élevez & nourris par ces Eſclaves, ils en prennent les inclinations avec le lait. J'ai connu une fort aimable femme de Lisbonne qui avoit épouſé un homme de ce Pays : la diſcorde regnoit dans leur ménage, & l'époux mépriſoit l'épouſe pour l'amour d'une noire qui n'auroit pas merité l'attention du plus laid Noir de toute la Guinée. Sans entrer dans un plus long détail du libertinage qui regne dans ces

Colo-

Colonies; je vous dirai, Monſieur, que les Portugais reſſemblent en toutes choſes aux Eſpagnols du Perou dont je vous ai parlé dans mes Lettres précedentes. Le même eſprit de débauche, d'irréligion, d'ignorance & de préſomption eſt répandu par toute l'Amerique. Je n'entendois pendant la nuit que les triſtes accords d'une Guitarre. Les Portugais en longues Robbes de Chambre, le Roſaire en Echarpe, l'Epée nue ſous la Robbe, & la Guitarre à la main ſe promenoient ſous les Balcons de leurs Dames, & là d'une voix ridiculement tendre, ils chantoient des airs qui me faiſoient regretter la Muſique Chinoiſe, ou nos Gigues de baſſe Bretagne.

Le 23. de Decembre un Vaiſſeau venant de *Rio Geneyro* apporta la nouvelle qu'il y avoit ſur ces Côtes un Vaiſſeau Pirate qui avoit déja enlevé pluſieurs Vaiſſeaux Portugais, qu'un brouillard épais l'avoit dérobé lui-même à ſes pourſuites, que quelques Portugais qui s'étoient échapez du Vaiſſeau avoient dit qu'il étoit armé de 30. pieces de Canon, & de 300. hommes de differentes Nations, commandez par un Capitaine Eſpagnol de l'Iſle de Saint Domingue. Le
Vice-

Viceroi ayant appris cette nouvelle, fit équiper une Fregatte de guerre qu'il avoit fait conftruire dans ce Port. Mais cet armement fut fort lent, & on eut beaucoup de peine à raffembler un Equipage. Cette nouvelle nous fit prendre la réfolution d'attendre le Vaiffeau de Monfieur de la Fond, & de partir avec lui pour pouvoir refifter aux attaques de ce Corfaire, qui étoit fans doute inftruit de notre fejour dans ce Port.

Le 24. le Viceroi nous fit l'honneur de nous inviter à aller entendre la Meffe de minuit dans un Couvent de Religieufes. Je me rendis au Palais à huit heures du foir. Tous les Officiers de la Garnifon y étoient affemblez, & le Viceroi les regala d'une fuperbe colation. Nous allâmes à dix heures à l'Eglife de fainte Claire, où je ne m'attendois pas à voir une Comédie, ou plûtôt une Farce. Dans toutes les Maifons Religieufes de Portugal les jeunes Meres étudient pendant l'année un certain nombre de fottifes, & de Chanfons gaillardes pour les débiter pendant la nuit de la Nativité. Ces Dames étoient dans une Tribune ouverte & élevée, chacune avoit fon Inftrument, Guitarres, Harpes, Tambourins,

rins,

rins, Viguelles, &c. Leur Directeur en
entonnant le Pſeaume *Venite exultemus*,
donna le ſignal. Alors toutes les Religieuſes ſe mirent à chanter les Chanſons
qu'elles avoient étudiées avec tant de
ſoin: chacune chantoit la ſienne, &
cette diverſité de Chanſons & de voix
formoit un charivari, qui joint aux
Inſtrumens qui étoient auſſi peu d'accord que les voix, donnoit une juſte
envie de rire. Elles ſautoient & dan-
ſoient avec un ſi grand bruit, que je
crus que ſemblables aux Nonains de
Loudun, elles étoient poſſedées de
quelque Eſprit folet, ou d'un Lutin
d'une humeur gaye & joviale. Mais
le tems d'être ſurpris n'étoit pas encore venu. Le ſilence ſucceda au tin-
tamarre, & au lieu des leçons qu'on
lit à chaque Nocturne de Matines,
une Religieuſe ſe leva, & s'étant gravement aſſiſe dans un Fauteuil, elle fit
un long diſcours à l'Aſſemblée en Portugais corrompu, tel que le parlent
les Eſclaves. Ce diſcours étoit un recit ſatirique des intrigues galantes des
Officiers de la Cour du Viceroi. Elle déſigna la Maîtreſſe d'un chacun, &
fit un détail de ſes bonnes & mauvai-
ſes

ſes qualitez. On commença le ſecond Noćturne : le Diréćteur en recita les Pſeaumes à baſſe voix , tandis que les bonnes Dames firent les mêmes extra-vagances , & ajoûterent un entre-aćte ſemblable au premier. Il ſurvint un pe-tit incident au troiſiéme Noćturne, & l'Amour voulut jouer ſon Rôle dans cet-te Comédie. Mais pour l'intelligence de cette Scene vous devez ſavoir, Mon-ſieur, qu'en Eſpagne & en Portugal les Cavaliers font l'amour aux Religieuſes, ce qu'ils appellent *Indevotarſe.* Le ne-veu du Viceroi appellé Don Henriqués Meneſés aimoit une de ces Dames, mais cet amour trop Platonique étoit peu ca-pable d'occuper tout ſon cœur, & il cherchoit ſouvent des amours & des oc-cupations plus ſolides. La Religieuſe jalouſe ne vouloit point entendre rai-ſon, & privée de certains plaiſirs, elle vouloit auſſi les interdire à ſon Amant. Elle choiſit cette nuit pour lui reprocher ſon infidélité. Le troiſiéme Noćturne étant donc fini, & les Danſes, & les Chanſons achevées, elle accabla Don Henriqués des reproches les plus ten-dres : tout ce qu'elle dit fut joliment dit, mais le Cavalier peu docile, reçut mal

la

la Mercuriale, & rougiſſant du peu de honte de ſa Dame, il ſortit bruſquement de l'Egliſe. La Religieuſe ſenſible à un départ ſi prompt, va, lui dit-elle, te vanter au pied de mes rivales du mépris que tu fais de ma tendreſſe & de mes reproches: Cette cataſtrophe fut le dénoûement de la Comédie. On chanta une Meſſe où toutes les Religieuſes communierent.

Vous aurez de la peine, Monſieur, à croire un ſemblable recit, cependant n'en retranchez pas, s'il vous plaît, la moindre circonſtance. Je ſai qu'il eſt aſſez difficile de croire que des femmes conſacrées à Dieu par des vœux ſolemnels, ſoient capables de commettre des excès ſemblables : il eſt pourtant vrai que j'ai vû & entendu réellement tout ce que je viens de vous décrire. Il y auroit bien des reflexions à faire là-deſſus, mais la morale a mauvaiſe grace dans ma bouche.

Cependant je paſſois triſtement la vie. Je faiſois ma cour au Viceroi, & je paſſois une partie de la nuit dans ſon Palais. On y tenoit une converſation muette : chacun diſoit ſon Roſaire, ou faiſoit ſemblant de le dire; on rioit peu, & on s'ens'ennuyoit beaucoup, c'est l'Etiquette du Palais. Je rendois aussi des visites fréquentes à l'Archevêque; c'est un saint Vieillard qui aime à raconter, & qui raconte bien.

Le 15. de Janvier un Vaisseau Portugais venant d'Angola rapporta que les Hollandois commettoient plusieurs actes d'hostilité contre les Portugais dans les Mers de Guinée. Les Hollandois avoient fait depuis quelques années un Traité avec les Portugais, par lequel les premiers cedoient à ceux-ci le commerce des Esclaves à Angola, & dans d'autres Comptoirs de la Côte d'Afrique, à condition qu'ils ne porteroient dans ces Pays aucunes Manufactures, mais seulement le Tabac & l'or du Bresil, parce qu'ils se reservoient le commerce des Draps & autres Marchandises semblables. Les Portugais faisoient un commerce si considerable & si avantageux, que les Hollandois en prirent de l'ombrage, & sous divers pretextes, ils coururent sus aux Portugais, attaquerent leurs Vaisseaux, & entreprirent de ruiner leur commerce. Ils les accuserent d'avoir manqué aux conventions qu'ils avoient fait ensemble en portant en Afrique des Draps, des Soyeries, & autres Manufactures. La Loi du plus fort fut la meilleure. Les Hollandois trop puissans dans ces Mers pour craindre les represailles, s'emparerent des Vaisseaux Portugais, & celui qui rapporta cette nouvelle ne se sauva qu'après un long combat. Cet accident va suspendre le commerce, & il est à craindre que le Bresil ne manque bien-tôt d'Esclaves. Il est de la politique & de l'interêt du Portugal d'accommoder promptement ce differend. Le Viceroi nous donna des Lettres pour le Conseil de ce Royaume, afin d'apporter les remedes necessaires à ce desordre.

Le Pirate dont je vous ai parlé continuoit ses courses, & nous apprîmes qu'il avoit voulu attaquer une Fregatte Françoise qui étoit dans un Port de l'Isle Grande. L'Equipage François remorqua son Vaisseau le plus près de terre qu'il lui fut possible, & se fortifia sur le bord de la mer en élevant une petite batterie qui, jointe à celle du Vaisseau, auroit fort incommodé le Corsaire, s'il ne s'étoit retiré promptement.

Notre Vaisseau étoit toûjours en carenne, & les Ouvriers du Port faisoient

fort

fort peu d'ouvrage dans un jour. Les Portugais ne dégenerent point, & le Noble comme le Roturier, le Bourgeois & le Soldat aiment les commoditez de la vie. Un Artisan n'oseroit travailler après son dîner sans avoir un peu dormi. La chaleur du Climat, & l'habitude ont établi cet usage, & il nous fallut prendre patience, comme si cette vertu eût été notre seule ressource pendant tout le cours de ce voyage.

Nous nous étions déja apperçûs que l'eau de la mer avoit mouillé nos marchandises, surtout les soyes crues dont la qualité avoit déja été alterée par la finesse des Chinois, comme je vous l'ai déja dit. Nous prévoions déja que les profits de ce Voyage seront fort médiocres. Monsieur de la Fond avoit abandonné son Vaisseau. Tout le poivre qu'il avoit acheté à la Chine, & plusieurs autres effets avoient été avariez, & sa Cargaison n'étoit pas en meilleur état que la nôtre. Nous nous consolions les uns & les autres, & le nombre des malheureux diminuoit les malheurs particuliers.

Le 4. de Fevrier le Viceroi nous invita à aller passer trois jours à une lieue

de la Ville, où l'on celebroit la Fête
d'un Saint peu connu dans notre Calendrier, mais fort fameux dans ce Pays
fous le nom de *San Gonzalés d'Amarante*. Nous partîmes en compagnie du
Viceroi & de toute fa Cour. Nous
trouvâmes auprès de l'Eglife dédiée à
Saint *Gonzalés* une multitude étonnante
de gens qui danfoient au fon de leurs
Guitarres. Ces Danfeurs faifoient retentir la voûte de l'Eglife du nom de
San Gonzalés d'Amarante. Si-tôt que
le Viceroi parut, ils l'enleverent & l'obligerent à danfer & à fauter; exercice violent qui ne convenoit gueres à fon âge,
ni à fon caractere : mais c'eût été une
impieté digne du feu, au fentiment de
ce Peuple, s'il avoit refufé de rendre cet
hommage au Saint dont on celebroit la
Fête. On nous fit aussi danfer bon gré
malgré, & c'étoit une chofe assez plaifante que de voir dans une Eglife des
Prêtres, des femmes, des Moines, des
Cavaliers, & des Efclaves danfer & fauter pêle-mêle, & crier à pleine tête
Viva San Gonzalés d'Amarante. Ils prirent enfuite une petite Statue du Saint
qui étoit fur l'Autel, & fe la jetterent a
la tête les uns des autres : en un mot, ils
fi-

firent ce que faifoient autrefois les Pa-
yens dans un Sacrifice particulier qu'ils
avoient coûtume de faire tous les ans
à Hercule, pendant lequel ils fouettoient & accabloient d'injures la Statue
du demi-Dieu. L'Eglife de *San Gonzalés* eft bâtie fur une Coline qui s'étend
jufques fur le bord de la mer : elle eft entourée de Bofquets, où les Portugais
avoient drefîè des Tentes. Toutes les
Courtifannes de la Ville s'y étoient retirées ; on n'entendoit par tout que des
cris de réjouiffance, & des concerts de
Harpes & de Guitarres. La gravité
Portugaife étoit défigurée, & rien ne
manquoit à la Fête, finon que Bacchus
s'en mêlât ; mais les Portugais ne l'ad-
mettent prefque jamais à leurs divertiffe-
mens.

Le Viceroi avoit fait dreffer fes Tentes au milieu d'un petit Bois d'Orangers
à un quart de lieue de l'Eglife. On
y fit bonne chere pendant trois jours,
j'y remarquai quelques leçons du Cui-
finier François. On reprefenta le premier jour de la Fête une Comédie Ef-
pagnole fort mauvaife, & qui fut jouée
par les plus pauvres Acteurs du monde.
La Piece étoit intitulée *la Monja Alfe-*

rez.

rez. La Scene du premier Acte étoit à Madrid, celle du second au Calao du Perou, celle du troisiéme à Barcelonne, & la durée de la Piece étoit de trente-deux ans. Le Théatre étoit dressé vis-à-vis l'Eglise de Saint *Gonzalés.* Les Acteurs chanterent des Hymnes en l'honneur du Saint, Hymnes ridicules & même peu Chrétiennes par un mélange impie du Sacré & du Profane. Le troisiéme jour nous retournâmes à la Ville, & le Viceroi fut escorté par cinq ou six cens Cavaliers Portugais Campagnards, qui avoient abandonné leurs Habitations pour assister à cette Fête.

Vous vous étonnerez sans doute qu'on souffre tant d'abus dans ces Colonies: mais il est difficile d'y remedier. Si un Voyageur parle des desordres des Religieux, & de ceux qui ont la conduite des ames; s'il met leurs crimes en évidence; en un mot s'il ose dire que dans toute l'Amerique les Pasteurs sont des Hypocrites, qui sous un extérieur grave & composé cachent un cœur livré aux passions les plus honteuses; ce Voyageur est un imprudent, disent les uns, il devoit cacher les fautes que commettent

tent des perfonnes confacrées à Dieu, &
ne pas expofer leur Miniftre au fcandale
& au mépris. Les autres nient les faits
que le Voyageur rapporte, & traitent
de menfonge & d'impofture tout ce qui
condamne la conduite de ces mauvais
Pafteurs. Ainfi le Prince ne peut dé-
raciner les vices qu'on tolere, qu'on dif-
fimule, & qu'on n'ofe lui rapporter; il
ne peut envoyer des ordres falutaires
pour reformer les mœurs des Ecclefiafti-
ques, l'Efprit de la Religion s'éteint
dans ces Colonies, la pieté y eft toute
extérieure, l'ignorance & la préfomp-
tion y triomphent, & la morale de J. C.
y eft fi défigurée, qu'on n'en reconnoît
plus aucun principe.

Le dix on acheva la carenne de notre
Vaiffeau, & nous nous préparâmes au
départ. Le Capitaine, femblable à celui qui dans une tempête promit à Jupi-
ter un Bœuf, dont il ne lui donna que
les cornes après l'orage, le Capitaine,
dis-je, oublia les promeffes qu'il avoit
fait aux Juges, fitôt qu'il n'eut plus befoin de leur fecours. Il crut fe dégager
de fes magnifiques promeffes, en leur
donnant quelques bagatelles Chinoifes.
Mais ces Meffieurs aimoient les chofes
fo-

folides, & lorfqu'ils s'apperçurent qu'on s'étoit, pour ainſi dire, mocqué d'eux, ils conçurent un dépit mortel contre notre Nation, & ils refolurent de fe vanger fur les premiers Vaiſſeaux François qui viendroient dans cette Baye. Nous ignorions alors que le fort devoit tomber fur nous-mêmes, & que nous ferions les premieres victimes d'un reſſentiment dont nous étions déja la cauſe.

. Le 17. nous fîmes embarquer nos Matelots rebelles, & on leur fit efperer le pardon de leur revolte s'ils réparoient leurs fautes par une meilleure conduite. Nous prîmes congé du Viceroi. Ce Seigneur toûjours plein de bonté pour moi me donna des Lettres de recommandation pour le Comte de Ribeira fon neveu, Ambaſſadeur en France, pour le Comte d'Ericeyra, pour pluſieurs autres Seigneurs Portugais; car notre deſſein étoit d'aller à Lisbonne.

Nous mimes à la voile pour fortir de la Baye de tous les Saints. Monfieur de la Fond nous accompagnoit avec le vaiſſeau qu'il avoit frêté. Le vent étoit favorable, & nous perdîmes bientôt la terre de vûe. Nous avions fait environ 40. lieues lorfqu'on s'eſt apperçû que notre Vaiſſeau étoit plein d'eau. Le Capitaine a été fort ſurpris, & je ſuis perſuadé qu'il a condamné intérieurement l'imprudence qu'il a eu de dédoubler ſon Vaiſſeau. Il n'y a point d'autre parti à prendre que celui de relâcher une ſeconde fois. Ainſi, Monſieur, il y a deux jours que nous virâmes de bord pour rentrer dans la Baye de tous les Saints. M. de la Fond nous accompagne, & il eſt dans notre Vaiſſeau, où il tâche de nous conſoler du malheur qui nous arrive. Nous allons être derechef expoſez aux lentes déliberations du Conſeil Portugais, & livrez à la merci de ces Juges qui ont formé tant de projets de vengeance. Nous n'enviſageons d'autre alternative que le naufrage, ou la perte d'un bien qui nous a coûté tant de peine. Je m'imagine que ces Juges nous feront un procès ſur notre retour, & ſur les marchandiſes que quelques particuliers ont vendu contre les Ordres du Roi. Ils avoient même déja commencé à ſe vanger de nous avant notre départ, en faiſant empriſonner tous ceux qui étoient ſoupçonnez d'avoir fait quelque négoce avec nous, ſans conſiderer qu'ils avoient eux-mêmes donné les

mains

mains à ce commerce, & qu'ils avoient acheté plusieurs effets par l'entremise es Gardes qu'ils nous avoient donnez.

Voilà, Monsieur, quelles sont nos craintes & nos allarmes. On confisque-a peut-être notre Vaisseau, à moins que le Viceroi, par un trait de sa generosité ordinaire, ne nous donne du secours dans cette occasion. Je donne ma Lettre à Monsieur de la Fond. J'envie son bon-heur, & je voudrois, comme lui, re-tourner vers la chere Patrie après une si longue absence. Adieu, Monsieur, nos Capitaines se séparent, & s'embrassent en pleurant, je n'aurois jamais crû que l'amitié des gens de mer fût tendre jus-qu'aux larmes. Je suis de tout mon cœur, &c.

~oᔆᓬᑲ◖❯oᔆᓬᑲ◖❯oᔆᓬᑲ◖❯oᔆᓬᑲ◖❯oᔆᓬᑲ◖❯oᔆ~

LETTRE SEIZIE'ME.

A Gênes, le 29. Juillet 1718.

Monsieur,

Je vous fuis fort obligé de vos nombreux *De profundis*, & quoique vous ayez crû qu'il en falloit dire pour ceux qui étoient dans l'autre monde, je vous dirai ingénuement que je me pafferai volontiers de ces Pfeaumes Mortuaires. Votre ami de Bayonne m'a remis toutes vos Lettres. Je vous rends de nouvelles graces pour les témoignages obligeans que vous me donnez de votre amitié. Mais furtout point de *De profundis.*.

La joye que je reffens d'être arrivé en Europe eft un peu moderée par les embarras où nous nous trouvons ici. La fortune toûjours conftante à nous perfecuter nous donne une fin femblable aux commencemens. C'eft peu qu'elle nous ait rendu le jouet des vents & de la mer,

                 & qu'elle

& qu'elle nous ait fait errer de Ports en Ports depuis deux ans; elle nous livre aujourd'hui au monftre appellé *Chicane*, monftre plus dangereux, plus redoutable que tous les écueils des Mers de la Chine. Cette difcorde qui nous a toûjours tenu une fi fidèle compagnie ne nous quitte pas, & nous fommes auffi peu d'accord enfemble, que nous l'étions à la Chine & ailleurs. Mais avant que de vous entretenir de nos affaires, il faut que j'acheve de vous raconter ce qui nous arriva à la Baye de tous les Saints. Vous avez pû voir par ma Lettre précedente par quel accident fâcheux nous nous trouvâmes réduits à retourner dans ce Port. Je vous fis part de nos allarmes, & des juftes fujets de crainte que nous avions.

Après avoir pris congé de M. de la Fond, nous entrâmes dans la Baye de tous les Saints, & nous allâmes jetter l'ancre auprès de la Forterefle du Port environ à minuit. Le Batteau de Garde vint nous reconnoître, & porta au Viceroi la nouvelle de notre retour. Ce Seigneur qui connoiffoit l'avidité des Juges du Pays, & les projets de vangeance qu'ils avoient méditez contre notre Nation

tion, fut très-fâché de nous voir reve-
nir : il prit pourtant la resolution de nous
secourir, si notre retour étoit fondé sur
des causes légitimes. Il pouvoit en effet
nous donner des preuves de sa generosité, sans aller contre les Ordres du Roi
son maître, parce que Sa Majesté ne re-
fusoit point un azile dans ses Ports aux
Vaisseaux qui se trouvoient dans des ne-
cessitez pressantes, & qui ne pouvoient
tenir la mer sans courir les risques d'un
naufrage.

Le lendemain à la pointe du jour j'é-
crivis deux Lettres, l'une à l'*Oidor del*
Crime, & l'autre à l'*Oidor del Civel*.
Mais avant que de vous parler de l'effet
que produisirent ces Lettres, il faut que
vous sachiez que le Conseil *da Fazienda*
est composé de six Juges dont le Viceroi est le Président, & a deux voix.
J'avois connu assez particulierement le
Lieutenant Criminel & le Lieutenant
Civil : ces deux Juges étoient plus inte-
gres que les autres, & j'esperai de leur
amitié & de leur équité qu'ils se joindroient au Viceroi pour nous procurer
une reception favorable. Je leur écrivis " que je ne doutois point que l'état
„ où nous nous trouvions ne les engageât
„ à nous

,, à nous proteger, & que je ne croyois
,, pas qu'ils vouluffent fuivre av uglé-
,, ment les fentimens de ceux qui avoient
,, juré notre perte. Que j'avois toû-
,, jours reconnu en eux tant de probité
,, & d'honneur, que j'étois perfuadé
,, que ce qui s'étoit paffé avant notre dé-
,, part de ce Port n'avoit point alteré
,, des fentimens fi nobles & fi équita-
,, bles. Que je les priois de confiderer
,, qu'il feroit injufte de punir plufieurs
,, innocens pour la faute d'un feul; &
,, que fi le Capitaine de notre Vaiffeau
,, avoit manqué à fa parole, nous ne
,, nous en étions pas rendus les garants;
,, que l'experience du paffé le rendroit
,, à l'avenir plus fidèle dans fes promef-
,, fes, & plus diligent à les executer. Je
,, les priois enfuite de fe fouvenir de l'a-
,, mitié qui avoit été entre nous pendant
,, le féjour que j'avois fait dans ce Pays,
,, & de confiderer qu'ils ne pouvoient
,, agir contre le Capitaine fans agir auffi
,, contre moi ,,. J'écrivis en même tems
à Monfieur le Brigadier Macé, pour le
prier de fe trouver au Palais du Viceroi
lorfque nous irions à l'Audience.

Après avoir pris cette précaution, je
defcendis à terre avec le Capitaine, &
nous

nous allâmes au Palais. Le Viceroi nous
donna une Audience favorable, & fans
nous promettre pofitivement fon affiftance, il nous fit connoître par fes manieres qu'il ne nous la refufoit pas. Il
affecta plufieurs fois de dire qu'il avoit
prévû l'accident qui nous étoit arrivé,
& qu'il y avoit eu de l'imprudence à
dédoubler notre Vaiffeau. Je m'apperçûs même qu'il trouvoit un plaifir fecret à dire qu'il avoit été bon Prophe-
te. Cependant il ordonna qu'on affem-
blât le Confeil, & le Capitaine eut ordre de retourner à fon Vaiffeau. Pour
moi j'obtins la permiffion de refter à
terre, & d'aller dans la maifon de Monfieur Macé. Le Viceroi pour me faire
la grace toute entiere, fit rappeller les
Gardes qui m'accompagnoient. Le Capitaine me recommanda les interêts de
fon Vaiffeau, & je lui promis d'en avoir
foin, à condition qu'il tiendroit les promeffes que je ferois aux Juges en fon
nom. Monfieur Macé, qui n'avoit pas
reçû ma Lettre, parce que le Porteur
n'avoit pû lui parler, fut fort furpris de
notre retour. Il envoya chercher auffi-
tôt les Lieutenans Civil & Criminel, qui
étoient fes amis particuliers. Ils avoient
déja

déja reçû mes Lettres, & ils s'étoient
affemblez pour déliberer fur ce qu'ils
avoient à faire.   Ils ne tarderent pas à
venir, & après m'avoir fait un compli-
ment fur mon retour, ils m'avouerent
qu'ils étoient bien embarraffez ; car, me
dirent-ils, il ne s'agit point de la neceffité qui vous force à rentrer dans ce
Port.   Si vos befoins font connus, on
ne peut pas vous refufer un azile, mais
il s'agit de vous faire un Procès fur les
Marchandifes que les vôtres ont vendues
avant que de partir.   Nos Prifons, con-
tinuerent-ils, font pleines de malheureux Marchands qui ont fait le commerce avec vous, & dont on doit confifquer
les biens, parce qu'ils ont contrevenu
aux Ordres du Roi.   Il ne feroit pas
jufte de punir les uns & d'abfoudre les
autres, puifque le crime eft égal de part
& d'autre.   Ils ajoûterent que les trois
Juges *da Fazienda*, gens avares & intereffez, feroient tous leurs efforts pour
nous perdre.   Que s'ils s'oppofoient à
leurs deffeins, on leur feroit un crime à
la Cour de leur indulgence, &c. Je ré-
pondis que puifque les Juges *da Fazienda* étoient des gens avares, il ne feroit
pas difficile de les gagner, en leur pro-
po-

posant un bon parti; que les particuliers du Vaisseau auroient soin de faire executer ce que le Capitaine promettroit, ou ce que je promettrois en son nom.

Mes raisons ne persuaderent pas beaucoup ces Messieurs, & le Capitaine avoit agi avec eux d'une maniere si cavaliere, qu'ils s'imaginoient que lorsqu'il cesseroit d'avoir besoin d'eux, il les tromperoit comme la premiere fois; ainsi la plus grande difficulté consistoit à les persuader que tout ce qu'on promettroit seroit executé fidelement. J'y réussis, & après une heure de conference, ils me promirent qu'ils joindroient leurs voix à celle du Viceroi. Je me trouvai ainsi sûr de quatre voix contre trois; car, comme je vous l'ai déja dit, le Viceroi en a deux. Je retournai au Palais pour y attendre l'Arrêt qu'on devoit donner en notre faveur. Les trois autres Juges *de la Fazienda* qui ignoroient que j'eusse parlé aux autres, passerent devant moi avec un air grave, fier & menaçant : j'aurois voulu parler à quelqu'un des trois, & l'engager à nous favoriser, en cas que le Viceroi ne voulût point se mêler de notre affaire, & qu'il en laissât la décision aux Juges,

mais le tems & le lieu ne me le permirent pas. Leur conference dura deux heures. Les Juges fortirent de l'Audience, & je cherchai à lire notre fort dans leurs yeux. Ceux à qui j'avois parlé le matin avoient l'air fort ferieux; & ceux que je craignois le plus paroiſſoient gais & contens. Je tirai un bon augure de ces remarques ſi oppoſées, & je devinai la verité. Les premiers paroiſſoient ferieux pour ne pas donner à connoître qu'ils favoriſoient nos deſſeins, & les derniers affectoient une gayeté qu'ils n'avoient pas, pour me faire croire qu'ils fe réjouïſſoient de ce que la délibération du Conſeil nous avoit été favorable, & qu'ils n'y avoient pas peu contribué. Je n'eus pas le tems de leur parler. Le Viceroi m'appella & me dit que ſi nos befoins étoient tels que nous les avions expoſez, nous n'avions plus rien à craindre; qu'il falloit feulement obſerver les mêmes formalitez que nous avions obſervées lorſque nous arrivâmes la premiere fois; que les Officiers ne pourroient demeurer à terre de peur qu'ils ne fiſſent le commerce. (Remarquez, que le Viceroi par bonté feignit d'ignorer que nous avions vendu pluſieurs
mar-

marchandifes pendant notre premier fejour, & cette nouvelle défenfe n'étoit
que pour prévenir ce que les Officiers
auroient pû entreprendre). Il ajoûta
qu'il permettoit aux paffagers du Vaiffeau de demeurer à terre. Monfieur
Macé qui entra alors m'offrit fa maifon
de fi bonne grace, que je ne pus refufer cette faveur. Je témoignai ma reconnoiffance au Viceroi, & j'envoyai
un homme au Capitaine pour l'informer
de tout ce qui s'étoit paffé. Je l'avertis
entr'autres chofes que le Juge qui devoit
faire la vifite dans le Vaiffeau étoit un
homme qui diroit déformais en notre faveur tout ce qu'on exigeroit de lui,
pourvû qu'il y trouvât fon compte, &
qu'ainfi il falloit l'amadouer : que quant
aux deux autres dont nous avions tant
appréhendé la vengeance, nous n'en a-
vions plus rien à craindre, & que ne
nous ayant point fait de mal, parce
qu'ils n'avoient pû nous en faire, nous
n'étions point obligez de leur faire du
bien.

L'*Oidor del Crime*, ou le Lieutenant
Criminel me raconta le même jour que
le Viceroi, fans parler en notre faveur,
avoit paru fi bien difpofé pour nous,

que

que les autres Juges, après une legere
opposition dont ils prévoioient l'inutili-
té, avoient décidé qu'il falloit nous
donner l'azile que nous demandions.
Ces Messieurs sans doute ne vouloient
pas tout perdre, & ils espererent ou que
nous ignorerions leur opposition, ou
que nous leur saurions gré d'avoir vain-
cu leur propre repugnance en notre faveur. Quoiqu'il en soit, nos affaires
furent terminées en quatre jours. Le
Desembargador fit sa visite ; on lui fit un
present, & tout le monde fut content.
Les Charpentiers du Port furent mis en
prison pour avoir laissé partir notre
Vaisseau dans l'état où il étoit. Cette
formalité étoit necessaire pour faire
mieux valoir nos besoins. Il arriva depuis que ces mêmes Charpentiers, non
seulement protesterent que notre Vais-
feau ne valoit rien, mais encore qu'on
ne devoit pas souffrir qu'il sortît du
Port, vû le mauvais état où il étoit.
Le Capitaine qui aimoit plus son Vaisseau qu'un nouveau marié n'aime sa femme, se mocqua de cette protestation,
& donna ses ordres pour la carenne. On
déchargea le Vaisseau, & on transpor-
ta les marchandises dans deux Gallions
qui

qui étoient dans le Port. On resolut aussi de doubler le Vaisseau avec des planches de ce bois de Bresil qui est si impénétrable aux vers.

Cependant les frais étoient considerables, & les Ouvriers travailloient peu à cause des Fêtes du Carême.

Le 2. de Mars on fit une Procession solemnelle pour l'ouverture du Carême. Deux cens hommes vêtus de blanc, & le visage voilé, marchoient sans ordre à la tête de la Procession, & se fouettoient les épaules avec tant de force, que leur sang rejaillissoit de tous côtez. Ces Penitens font des extravagans qui se donnent en spectacle au Public. Avant que de commencer cette ridicule promenade, ils se font déchiqueter les épaules avec des Rasoirs, ou avec des Boules de Cire armées de morceaux de verre, de sorte qu'en se frappant avec une grosse discipline de fil de coton, les playes s'ouvrent & le sang sort en abondance. Ils s'arrêtoient sous le Balcon de leurs Dames, & pour exciter un compassion amoureuse, ils se flagelloien de la belle maniere. Ils affectoient d passer & repasser sous ces Balcons: c'est-là la pierre de touche de la plus fine ga-

H 3   lan-

lanterie. Après ces Flagellans venoit
une autre espece de fous; les uns portoient plusieurs Epées attachées ensemble en forme de couronne dont ils ap-
puyoient les pointes sur leurs estomacs;
les autres traînoient des chaînes fort pe-
santes & marchoient à reculon, ayant
les bras étendus & liez à une piece de
bois en forme de croix. Chacun avoit
inventé sa pénitence. Un fantôme qui
representoit la Mort, armé d'une Cres-
selle, précedoit Adam & Eve, au milieu desquels étoient l'Arbre & le fruit
fatal dont Eve voulut goûter. Les Ordres Religieux suivoient, & étoient sui-
vis de tous les Confreres du Tiers-Or-
dre de Saint François, où sont agré-
gez presque tous les Habitans de *San
Salvador*. Ils portoient sur leurs épaules les Images des Saints & Saintes de
l'Ordre avec la figure du Seigneur qui
porte sa Croix. Ces Châsses s'appellent en langue du Pays *Cherolas*. Je ne
blâme point ces dévotions, mais je
condamne la maniere dont on les pratique. Je blâme l'immodestie des Prêtres & des Moines qui, dans une action de pénitence, rient & font des signes mysterieux aux Dames qui, dans

ces occasions, se parent de leurs plus beaux habits, & se mettent à leurs Balcons. Je blâme l'intention de ces Flagellans, qui font d'une action pieuse une affaire de galanterie.

Tous les Vendredis de Carême on porte ces Châsses, ou *Cherolas* en sept Quartiers de la Ville. Chaque Châsse a sa Confrairie; on chante le *Miserere* en Musique, mais c'est une Musique qui se sent du Terroir. La nuit du Jeudi au Vendredi Saint on fait la même Procession; & ce Jour si saint parmi les Chrétiens, est le Carnaval des Portugais. Toutes les Dames qui s'étoient tenues retirées dans leurs maisons pendant le cours de l'année, & qui n'en étoient pas même sorties pour aller à la Messe, en sortent cette nuit-là parées de tout ce qu'elles ont de plus magnifique, vont à pied d'Eglises en Eglises essuyer tous les quolibets des Cavaliers Portugais. C'est cette nuit où les filles qu'un pere trop severe avoit retenues, perdent ce qu'elles ont projetté de perdre pendant l'année. C'est cette nuit où Messer Cocuage voit avec plaisir augmenter son empire. C'est cette nuit enfin que les Portugais des-

H 4   ti-

tinent à la celebration de leurs Baccha-
nales.

Le 12. de Mars, Monsieur le Brigadier Macé m'engagea à aller à la Campagne chez une Dame de ses amies, qui
demeuroit dans un Canton de la Baye
nommé *Mataripi.* Cette Dame étoit
veuve d'un Gouverneur d'une Ville du
Bresil. Sa maison étoit située au bord
d'une Riviere, & l'on y trouvoit assez
d'agrémens pour passer le tems sans en-
nui. J'allai voir plusieurs Sucreries, &
j'y trouvai des Cavaliers Portugais assez
amis de la Chasse pour préferer ce diver-
tissement à tous les autres. Outre les
Sucreries ordinaires, j'en vis deux où le
Sucre se faisoit avec des Moulins à eau.
Pendant le séjour que je fis à *Mataripi,*
on fit plusieurs Fêtes, des Courses de
Taureaux, &c. on representa des Comédies, dont le Sujet étoit la vie du
Saint dont on celebroit la Fête.

Quoique ces passe-tems fussent assez
médiocres, je les aurois pris encore volontiers quelques jours , mais il fallut
partir. Je revins à la Baye où je trouvai le Vaisseau prêt à faire voile. Nous
prîmes congé du Viceroi, & des amis
que nous nous étions faits pendant notre
séjour

féjour dans ce Pays, & nous partîmes avec un tems très-favorable. Quatre jours après notre départ nous apperçûmes une voile qui nous fit aflez de peur pour nous obliger à nous préparer au combat; lorsque tout fut prêt, ce Vaifleau que nous prenions pour le Forban qui avoit tant fait de ravage fur les Côtes du Brefil, changea de route, & nous continuâmes la nôtre. Nous paflâmes heureufement la Ligne Equinoxiale, & nous n'y trouvâmes point ces calmes ennuyeux que nous avions efluyez dans les paflages précedens. Remarquez, s'il vous plaît, que c'eft ici la quatriéme fois que je la pafle dans le cours de mon voyage. Cette Navigation eft fi commune, que je ne vous ferai aucun détail ni de nos routes, ni des vents; je vous dirai feulement qu'il nous arriva à la vûe des Ifles *Terceres*, ce qui arrive à prefque tous les Vaifleaux qui courent ces Mers. Nous eûmes cent quarante licues d'erreur de l'Eft à l'Oueft, quoique nous euflions donné chaque jour, en réglant la longitude, un nombre de licues à l'Oueft à caufe des courans. Nous paflâmes entre *Pico* & l'Ifle *Saint Michel*: nous vîmes fur ces

H 5

Isles de grands feux en divers endroits,
& plusieurs petits Bâtimens qui prirent
la fuite. Nous fûmes sur nos gardes jusqu'à ce que nous fussions hors de la vûe
des *Terceres*, à cause des Ecueils dont
ces Isles sont environnées.

Nous trouvâmes deux jours après un
Vaisseau Anglois que nous hélâmes,
mais qui sans daigner nous répondre, for-
ça de voiles pour nous éviter; nous lui
donnâmes chasse pendant deux heures,
& voyant qu'il étoit impossible de l'atteindre, nous suivimes notre première route.

Cependant nous ignorions en quel état
étoient les affaires en Europe. On avoit
débité au Bresil que l'Espagne faisoit de
grands armemens, & il étoit de la prudence de prendre langue avant que d'entrer dans aucun Port. Nos marchandises de la Chine nous fermoient l'entrée
de nos Ports : notre voyage au Perou
donnoit une espece de droit aux Espagnols de confisquer notre Vaisseau. Tandis que nous raisonnions sur ce qu'il é-
toit à propos de faire, l'Equipage ou-
vrit certains paquets de ses Armateurs,
& trouva un ordre d'aller à Saintonge,
petit Port borgne de la Biscaye: mais
les vents n'avoient pas été de leur conseil,

feil, ils nous pouſſerent malgré nous au Cap d'Ortegal, & ayant redoublé leur violence, ils nous obligerent d'entrer le trente de Mars dans le Port de *Vive-ros* ſur la Côte de Gallice. Ce Port n'a aucune fortification, & la nature, fans le fecours de l'art, l'a fait tel qu'il eſt. Les Vaiſſeaux y font en fûreté contre les vents, mais non pas l'abri des inſultes des Corſaires d'Alger & de Tunis qui y entrent impunément quand ils croyent y trouver quelque priſe à faire. Ayant vû qu'il étoit mal aiſé que les Eſpagnols nous puſſent faire inſulte, nous refolûmes de reſter dans ce Port. Nous allâmes à la Ville qui n'eſt éloignée que d'un quart de lieue du Port. Nous y trouvâmes un Vice-Conſul François, qui nous aſſura que nous pouvions attendre fans crainte d'aucune ſurpriſe de la part des Eſpagnols, le retour du Directeur du Vaiſſeau qui étoit parti deux heures après notre arrivée pour Bayonne, à deſſein de prendre les Ordres des Armateurs qui étoient Négocians de cetté Ville. Nous reſtâmes à Viveros pendant un mois. Quelques Gentilshommes Eſpagnols (tous, ſi on les en croit, de la Maiſon de Guſman ou de Mendoça) nous convierent à les aller voir à la Campagne, & nous regalerent souvent d'excellens Saumons. Ce Païs, quoique pauvre par le peu de commerce qu'il y a, ne laisse pas de produire beaucoup de bled & de vin, & les autres choses necessaires à la vie. On y fait fort bonne chere & à grand·marché; en un mot il n'y manque qu'un peu de commerce. Les *Galliegos* font plus laborieux que le reste des Espagnols, & tous les Paysans de cette Povince s'adonnent à l'Agriculture, mais comme leurs denrées n'ont aucun débouchement, ils·font forcez de les consommer dans le Païs.

Il y avoit déja quinze jours que nous étions dans le Port lorsque nous eûmes avis que Monsieur le Marquis de Richebourg Viceroi de Gallice, qui faisoit sa residence à la Corogne à dix lieues de Viveros, tramoit quelque chose contre nous, & on nous assuroit même qu'il vouloit faire descendre les Milices, & arrêter les Officiers du Vaisseau tandis qu'ils restoient à terre. M. de Montagnac Consul de France à la Corogne vint aussi à Viveros, & nous avertit qu'en effet on se doutoit que notre Vaisseau étoit un de ceux qui avoient été au Perou,

rou, & que la Cour de France ayant permis à l'Espagne de nous courir sus, on pourroit sur ce soupçon nous attaquer. Le Capitaine ne se le fit pas dire deux fois, il retourna à bord avec tous les Officiers, & n'en sortit plus. Au reste il auroit été impossible aux Espagnols de prendre notre Vaisseau dans un Port sans Canon, sans aucune Barque ni Fregatte. Cependant le Viceroi s'étoit mis ce dessein dans la tête, & il songeoit à l'executer quand nous eûmes mis à la voile. Il lui auroit été plus aisé de faire arrêter les Officiers dès le commencement de notre arrivée, & je ne sai comment il ne l'entreprit point.

Le Directeur arriva de Bayonne au bout d'un mois, & apporta l'ordre d'aller à Gênes. Jamais ordre ne fut plus mal imaginé que celui-là, car porter des soyeries en Italie, c'étoit proprement porter de l'eau à la mer. Les Armateurs ayant presque tous fait banqueroute pendant notre Voyage, avoient cedé à leurs Créanciers l'interêt qu'ils avoient dans le Vaisseau. Ceux à qui ce malheur n'étoit pas arrivé, craignant que ces Créanciers ne sequestrassent tout le Vaisseau, crurent se mettre à couvert de leur avi-

dité

dité en les dépaysant ; mais le Voyage
que le Directeur fit à Bayonne ne put
être si secret que les Créanciers n'en euffent le vent. Ils ne furent pas plûtôt
que le Vaiffeau étoit deftiné pour Gênes, qu'ils prirent la pofte & arriverent
en Italie avant même que le Vaiffeau y
fût arrivé.

Comme je quittai le Vaiffeau à Viveros, je ne vous parlerai point de ce qui
lui arriva fur la route de Gênes. Je partis pour France où je voulois prendre langue avant que d'aller en Italie ; je traver-
fai la Gallice, les Afturies & la Bifcaye,
& j'entrai en France par le *Quipufcoa*.
Je ne vous parlerai point non plus de ce
qui m'arriva en chemin, vous favez peut-
être ce que c'eft que voyager en Efpagne, je vous avoue que j'aimerois mieux
mille fois voyager dans les Montagnes du
Perou ; on y trouve plus d'affiftance, &
fi j'ofe le dire, plus d'humanité. Je
reftai trois jours à Bayonne, & ayant
enfuite traverfé le Languedoc en pofte,
j'arrivai à Marfeille, où je m'embarquai
fur un Vaiffeau qui faifoit voile pour Gênes.

Gênes mériteroit bien une Defcrip-
tion particuliere, mais après vous avoir
par.

parlé des Antipodes & des Pays lointains, je croirois m'abaisser en vous décrivant une Ville qui est presque sous vos yeux. Je ne sai au reste si elle mérite le titre de superbe par la beauté & la magnificence de ses Palais, ou par le génie de ses Habitans.

Il y a près d'un mois que je suis ici; notre Troupe y est en procès, mais pour les éviter, j'ai pratiqué à la lettre le précepte de l'Evangile, & j'ai abandonné le Manteau à qui me le demandoit. Je n'ai aucun dessein de faire brouiller du papier aux Grapignans de Gênes. Quand j'aurai fini mes affaires, peut-être retournerai-je en France, peut-être aussi resterai-je en Italie quelques années. La fortune que j'ai été chercher si loin, & que je n'ai pas trouvée, est peut-être ici cachée, & m'attend; que fai-je? si je fais quelque séjour dans ce Pays, je vous informerai de ce qui me paroîtra le plus digne de votre curiosité.

Ce terme de *Curiosité* me fait souvenir de trois Articles d'une de vos Lettres que j'ai trouvé ici, ausquels je suis bien aise de répondre avant que de finir celle-ci. Vous me demandez fi ma curiofité & ma *demangeaifon de voyager* eft fatisfaite, d'un ton à me faire croire que vous la défaprouvez. Il m'a femblé même entrevoir quelques railleries que je ne vous pardonnerois pas fi vous étiez moins de mes amis. A vous entendre, Monfieur, il vaut mieux refter toute fa vie enveloppé dans les langes de fon Berceau, que d'aller lutter contre la mer & les vents. Votre indolence vous fait regarder la Navigation comme une entreprife témeraire. Vous fremiffez à l'afpect des dangers aufquels les hommes font expofez fur un élement qui leur eft étranger, & vous concluez qu'il faut avoir un cœur de bronze pour ofer braver le caprice des vents, & s'affujettir à la fureur des flots. Vous ofez même me reprocher fur quelques plaintes que mon impatience m'a arrachées dans mes Lettres précedentes, que je me fuis repenti plus d'une fois, & que je me repens encore d'avoir été courir fi loin. Ne favez-vous pas qu'on éprouve des tentations dans chaque vocation, & qu'il n'y en a aucune qui en foit exemte ? Vous concluez de ces plaintes, qu'il faut être fol

pour

pour naviguer. Ce titre de *fol* me choque, & pour me vanger, il me vient en penſée de vous prouver qu'il n'y a rien de plus beau, de plus utile que de voyager, & que rien n'eſt plus louable que cette curioſité qui nous arrache à notre Patrie, & qui nous conduit plus loin même que notre imagination. Quel triomphe pour moi ſi des Rives de la Seine je vous tranſportois à celles du Gange !

Vous ne pouvez pas diſconvenir, Monſieur, que la ſpeculation n'inſtruit jamais autant que la pratique, & qu'il y a bien de la difference entre les choſes qu'on connoît par ſoi-même & celles qu'on ne voit que par les yeux d'autrui. Eſclaves de nos propres préjugez, ou de ceux des autres, nous ne voyons, pour ainſi dire, que par emprunt, & ce n'eſt qu'avec une timidité ſcrupuleuſe que nous ſecouons le joug des opinions que nous avons ſuccées avec le lait. Nous ne ſavons le plus ſouvent que ce que nous avons ouï dire, & vous conviendrez que l'ambition d'un homme un peu raiſonnable doit aller au delà.

Si réunis ſous un même climat, tous les hommes ſe reſſembloient, ſi la face

de

de la terre étoit partout la même, ſi
l'Univers entier étoit gouverné par des
Loix & des Maximes égales & immua-
bles, ſi les productions de la Nature n'é-
toient point variées dans toutes les Parties du Monde, en un mot ſi les mœurs
& les coûtumes des hommes étoient les
mêmes en Aſie & en Europe, j'approu-
verois cette indifference qui empêche la
plûpart des hommes d'abandonner le ſein
de leur Patrie, puiſqu'ils pourroient voir,
comme dans un miroir, le Monde entier
dans ſa moindre Partie. Mais la Providence en a diſpoſé autrement, elle a
voulu unir tous les Peuples de l'Univers
par des beſoins réciproques. La terre
fertile ſous un climat eſt ſterile ſous un
autre, afin que par un commerce mu-
tuel ils puiſſent ſerrer plus étroitement
les nœuds de la ſocieté civile. J'ajoûterai que rien à mon avis ne ſeroit plus
inſipide que cette uniformité generale,
& que le ſpectacle du monde ſeroit bien
triſte, bien ennuyeux ſi on le voyoit toûjours du même côté. La nature qui par
toute la terre varie ſes Ouvrages, fait
éclater la même diverſité dans les tem-
peramens. Elle donne aux hommes des
penchans differens, & il eſt rare de trouver

ver une perfonne qui ait une indifference generale pour tous les emplois ordinaires de la vie civile. Celui que fon
penchant porte à voyager, après avoir
étudié les Loix de fon Pays, va s'ins-
truire de celles des autres Peuples, &
fe fait un plaifir fecret de faire part de fes
découvertes à fes Concitoyens. Vous
me direz peut-être qu'il y a des gens qui
voyagent plûtôt par caprice que par curiofité; qu'il y en a d'autres qui par un
penchant qu'ils ne peuvent corriger,
font pareffeux & indolens, & qui ne
profitent point de ce qu'ils voyent & de
ce qu'ils entendent; c'eft de ceux-là
qu'on peut dire,

> Cœlum, non animum mutant, qui trans
> Mare currunt.

Mais les exceptions de la regle que
j'établis ne la détruifent point. Je ne
veux point juftifier l'utilité des Voyages
par l'exemple de ces Sages de la Grece,
qui dans un fiécle où la Navigation étoit
fujette à de plus grands périls, par le
peu d'experience & de pratique que les
Pilotes avoient en cet Art, entrepre-
noient de longs Voyages pour confulter

des

des Philosophes étrangers sur la défini-
tion de la Sagesse, peut-être aussi pour
leur livrer une espece de combat d'esprit,
dont la Posterité put être instruite. L'a-
mour de la nouveauté que la Nature a
imprimé dans nos cœurs, ce desir de savoir que cette sage & prudente mere
nous inspire, nous fait étudier ce que
nous ignorons ; mais l'expérience nous
instruit plus que les leçons des plus grands
Maîtres. Les Sansons, les Delisle, tous
ces Geographes fameux ne savent que ce
qu'il a plû aux Voyageurs de leur faire
savoir. Si le Voyageur s'est trompé,
le Geographe est dans l'erreur. Combien leur Science seroit-elle plus sûre &
plus parfaite, s'ils avoient joint l'experience aux lumieres acquises, & s'ils a-
voient mesuré la Terre avec les yeux comme ils l'ont mesurée avec le Compas sur
les Plans qu'on leur a fournis.

L'homme en quittant sa Patrie for-
tifie ses talens, corrige ses deffauts, de
même qu'un arbre produit des fruits par-
faits lorsqu'il a été transplanté dans une
terre étrangere. On voit toûjours dans
sa Patrie les mêmes objets : tout y est
borné, soit du côté de l'esprit, soit dans
la maniere de penser. On y prend des
pré-

préjugez que l'Aftre dominant de la Na-
t on nourrit & entretient, & dont on ne
fe défait que par les connoiffances qu'on
acquiert dans les Voyages. Il faut fe
dépouiller de cet amour naturel de la
Patrie, & on doit voyager dans les Pays
étrangers, comme fi l'on étoit banni du
fien. *Le Sage*, dit * Salomon, *paffera*
chez les Nations étrangeres, & il éprou-
vera le bien & le mal.

Concluons. Il n'y a perfonne qui ne
foit convaincu de l'utilité des Voyages,
& qui ne bravât même la mer fi les dangers y étoient moins frequents : mais tant
de rifques, me direz-vous, dont le feul
recit m'a fait trembler, abattent le courage, & font évanoüir les plus belles re-
folutions. L'imagination ne préfente à
l'efprit que des travaux fans nombre,
une diette involontaire, un fommeil in-
terrompu, des tempêtes, des écueils,
&c. à peine penfe-t-on le jour à la mer
& à la Navigation, qu'on fe noye la nuit
fuivante en fonge. Mais, dites-moi,
Monfieur, quel eft l'état de la vie qui
foit fans dangers, & où la conftance ne
foit pas neceffaire ? Les préjugez déci-
dent

* Ecclef. Chap. 39.

dent de notre courage & de nos réfolu-
tions. Un homme né au milieu de Paris, dont les plus longues Navigations
font de Paris à S. Clou, tremble fur la
Seine, qui ne trembleroit pas au milieu de l'Ocean, s'il étoit né fur fes
bords.

Je ne confeille point à ces naturels timides d'entreprendre de longs Voyages.
Mais j'ofe exiger d'eux (& je l'exige de
vous) qu'ils écoutaffent attentivement le
détail qu'on leur fait des raretez, & des
Coûtumes des Pays qu'ils n'ont pas le
courage d'aller voir eux-mêmes. Rien
n'eft plus ordinaire que de voir ces indolens s'ériger en Cenfeurs, ils blâment
tout ce qu'ils ne connoiffent point, &
ce qui eft au deffus de leur Sphere, &
ils vérifient ce que dit l'Ariofte.

Chi va lontan da la fua Patria, vede
Cofe, da quel che già credea lontane,
Che narrandole poi non fe gli crede,
E ftimato bugiardo ne rimane,
Ch'el volgo fciocco non li vuol dar fede
Se non le vede, e tocca chiare e piane.

Si ce qu'on écrit, ou ce qu'on vous
raconte eft veritable, pourquoi refufez-
vous

vous de le croire? Et fi on vous débite des Fables, comment prouverez-vous que ce font des Fables? Ne courez point les Mers, j'y confens, mais ne blâmez pas ceux qui, aux dépens de leur vie, vont acquerir des connoiffances dont vous devez tâcher de profiter.

Pour vous, Monfieur, je ne crois pas que vous veuilliez vous confondre avec le *Vulgo fciocco* dont parle l'Ariofte. Je vous ai écrit d'une maniere trop fimple pour que vous me puiffiez accufer d'avoir voulu vous en impofer.

Ma curiofité n'eft point encore fatisfaite, elle n'a fait que changer d'objet; fi je me repofe quelque tems d'un fi long Voyage, je n'abandonne point le deffein d'en faire quelqu'autre quand l'occafion s'en préfentera. Suivez mon exemple, Monfieur, & foyez perfuadé que la Navigation a fes délices malgré les fatigues qui y font attachées. Je me fuis plaint quelquefois, il eft vrai, de la fortune & de l'ambition; mais l'homme feul parloit alors. Je n'envifageois dans ces momens que la peine, fans reflechir aux avantages, & maintenant que, graces au Ciel, je me trouve dans le Port, je me retraéte de toutes mes impatiences,

&

& de mes murmures. Ne me raillez donc plus, Monsieur, sur ma curiosité, & souvenez-vous que le *Meminisse juvabit* a des charmes inconcevables pour tous les Voyageurs. Je suis, &c.

Fin du III & dernier Volume.

TABLE

TABLE

DES MATIERES

Du troifiéme Volume.

TABLE

DES MATIERES.

R

REVOLTE de l'Equipage du Vaisseau, où l'Auteur se trouve, 123. les auteurs sont arrêtez & punis, 126

S

SAN GONZALES d'AMARANTE, 156. recit de ce qui se passa à sa fête, 156. & suiv.
San Salvador, Ville du Bresil, 112. 129
Sembarçador, Juge Portugais, 116
Sumatra, Isle, 28. sa Description, 29. l'Auteur traite avec le Gouverneur de l'Isle, 31

T

TORTUES de mer, ses qualitez, 56

Fin de la Table du dernier Volume.

CATA.

CATALOGUE

DES

LIVRES NOUVEAUX,

qui se trouvent à Amsterdam

Chez PIERRE MORTIER.

ATlas de Jaillot fol. 2 voll.
—— de de Wit fol. 2 voll.
—— Antique par le Clerc fol.
—— de Sanson 3 voll.
—— Hiſtorique fol. 7. voll.
Academie des Jeux 12.
Annales de la Monarchie Françoiſe, depuis ſon Origine juſqu'à Louïs XV. par De Limiers, fol. avec beaucoup de figures
—— Galantes de la Grece, par Mad. de Villedieu, 12.
l'Antiquité expliquée & repreſentée en figures, par le Pere Montfaucon, fol. avec le Suplément 15 voll. grand papier, avec grand nombre de belles figures par les plus habiles Maîtres. Paris 1722.
Amours des Dames Illuſtres de la France, 12. fig.
—— des Gaules, par Buſſi Rabutin, 12.
—— Paſtorales de Daphnis & Chloé, 12. fig.
—— de Catulle & de Tibulle, par la Chapelle, 12. 5 vol.
—— de Lyzandre & de Caliſte, 12.
—— d'Abelard & d'Eloiſe, 12.
—— —— de même en Vers Burlesques, 12.
—— de Sapho de Mitylene, 12.
—— des Grands Hommes, par Villedieu, 12.
—— Libres

——— Libres des deux Freres, 12.
——— de Pſyché & de Cupidon, 12.
——— de Theagene & de Cariclée, 12.
Amuſemens de la Campagne, ou le deſi ſpiri-
    tuel, 12.
——— Serieux & Comiques, 12.
Alcoran de Mahomet, par du Ryer, 8.
Art de ne point s'ennuier, 12.
— de Plumer la Poule ſans la faire crier, 12.
— de parler François, par des Touches, 12. 2 voll.
— de Tourner fol.
— de bâtir les Vaiſſeaux, 4 avec beaucoup de
    Figures.
— de la Guerre par le Marquis de Quincy 12.
Avantures de Telemaque, par Fenelon, 12 fig.
——— de Henriette Sylvie de Moliere, 12.
——— & Voyages des trois Princes de Sarendip,
    12.
——— d'Apollonius de Tyr, ou l'heureuſe In-
    conſtance, 8.
——— de Donna Rufine fameuſe Courtiſane, 12.
    fig.
——— du Voyageur Aërien, 12.
——— de Don Antonio de Bufalis, 12. fig.
——— de Gilblas de Santillane, par le Sage, 12.
    3 vol. fig.
——— de Robinſon Cruſoe, 12. 3 vol. fig.
——— d'Abdalla, 2 vol. fig.
Apparence Trompeuſe, ou ne pas croire ce qu'on
    voit. Hiſtoire Eſpagnole 12
Anecdotes ſecrettes de la Cour Ottomane, 12.
    4 vol.
——— Perſannes, par Mad. de Gomes, 12.
    2 vol.
Ariane de Deſmarets, 12. 3 vol. fig.
Ambaſſadeur & ſes Fonctions, par Wicquefort,
    4. 2 vol.

CATALOGUE

Architecture de Seb Le Clerc, 4. 2 vol. avec fig.
———— de le Pautre fol.
———— par du Boffe fol.
———— de Cerceau fol.
———— de Palladio fol.
———— de la Maifon de Ville d'Amfterdam fol.
Abregé de l'Hiftoire de France par le Pere Daniel, 4. 6 vol. Papier Royal. Ce Livre eft imprimé pour l'ufage de Loüis XV.
———— de l'hiftoire de France par Mezeray 12. 9 vol. Compl.

B

BAttailles du Prince Eugene fol.
Babillard ou le Nouvellifte Philofophe, par Steele, 12.
la Bagatelle ou Difcours Ironiques, 8. 3 vol.
Barbeyrac, Traité de la Morale des Peres de l'Eglife contre l'Apologie du P. Ceillier. 4.
Bible (la Sainte) avec les Remarques, Reflexions & Notes, par Mr. Martin, fol. avec fig. & Cartes. Grand Papier
———— avec les Argumens & Reflexions fur chaque Chapitre, par Mr. Oftervald, fol.
———— Allemande, in 8. fig.
Bibliotheque des Dames, contenant des regles générales, pour leur conduite, par Mr. Steele, 12. 3 vol. 1727.
———— des Philofophes & Savans, par Gautier, 8. 2 vol.
———— des Gens de Cour, contenant un Recueil des Bons mots, &c. 12. 5 vol.
Bouffon de la Cour, 12
Bibliotheque Critique du P. Simon, 2 vol.
———— Hiftorique de la France fol. 2 vol.
———— des Predicateurs fol. 3 voll.

Cabinet

C

CAbinet des Fées, 8. 8 vol. fig.
Caracteres de Theophraſte, ou les Caracteres
& Mœurs du Siecle, 12. 3 vol.
———— & Maximes de la Rochefoucault, 12.
Comedies de Terence, trad. par Mad. Dacier,
12.3 vol. avec fig.
Caſimir Roi de Pologne, 12.
Captifs, Comedie de Plaute traduite en François
avec des Remarques par M. Coſte, 8.
Comteſſe de Vergi, 12.
Comte de Soiſſons, 12.
——— d'Eſſex, 12.
——— d'Ulfeld, 12.
Corps Diplomatique fol. 8 voll.
Chillingworth, ſes Oeuvres traduites de l'Anglois
avec ſa Vie, par Mr. Des Maizeaux, & les Opus-
cules de Hales. *Sous preſſe.*
Choix de Bons Mots, 12.
Cuiſinier François, 12. fig.
Confiturier François, 12. fig.
Q. Curce, ou l'Hiſtoire d'Alexandre le Grand,
trad. par Vaugelas, 8. 2 vol.
Commentaire ſur l'Analyſe des Infiniment petits,
par Crouſaz, 4. fig.
Contes à Rire, ou Recreations Françoiſes, 8. 2
vol. avec fig.
——— du Tonneau du fameux Dr. Swift 12 2
voll.
——— de Marguerite de Valois 8. 2 voll.
——— de la Fontaine, 8 fig.
——— & Nouvelles de Boccace, 8. 2 vol. fig.
Conſolations contre les Frayeurs de la Mort, par
Drelincourt, 8. 2 vol.
Curioſitez de Paris 12. 2 voll.
Comedies de Plaute par Gueudeville, 10 voll. 12.

CATALOGUE

D

DAnube, par le Comte Marſilli, plano 6 voll.
Dictionaire Hiſtorique, où Mêlange curieux de
l'Hiſtoire Sacrée & Profane, par Moreri, avec
le Suplement, fol. 6 tom. 4 vol.
———— Univerſel desMots François, par Furetiere,
fol. Nouvelle Edition revuë, corrigée & augmentée conſiderablement par Mr. de la Riviere. 4 vol.
———— ———— de l'Academie Françoiſe, fol. 2
vol.
———— de la Marine, 4. fig.
———— Anglois-François, & François Anglois,
par Boyer, 4. 2 vol.
———— Allemand-François, & François-Alle-
mand, par Rondeau, 4. 2 vol.
———— Latin-François, & François-Latin, par
Tachard, 4. 2 vol.
———— idem, par Danet, 4. 2 vol.
———— de Baudrand. fol. 2 voll.
———— de Veneroni 4. Nouv. Edit.
———— de Corneille fol.
———— de Richelet fol. 2 voll.
———— de l'Ecriture Sainte par Huré fol. 2 voll.
———— Mathematique d'Ozanam 4.
———— du bon Menager par Liger 4.
Dictionaire Univerſel des Drogues, par Lemery,
4 fig.
Droit de la Guerre & de la Paix de H. Grotius,
trad. avec les Notes de Mr. Barbeyrac, 4. 2 vol.
Delices de la Grande Bretagne, 8. 8 vol. avec
beaucoup de belles figures.
———— des XVII. Provinces des Païs Bas, 8. 4
vol. avec fig.
———— de la Hollande, 12. 2 vol. fig.
Deſcription du Royaume de France, par Piganiol
de la Force, 12. 6 vol. fig.
———— de

——— de l'Isle des Hermaphrodites, 8.

Deſeſpoir Amoureux, ou les nouvelles Viſions de Don Quixotte, 12.

Devoirs de l'Homme & du Citoyen, par Puffendorf, avec les Notes de Mr. Barbeyrac, 4. Ed. 8. 2 vol.

Diable Boiteux, par Mr. le Sage, 12. 2 vol. avec fig. nouvelle Edition, augmentée d'un volume.

Dialogues des Morts, par Fenelon, 8. 2 vol.

Diſcours ſur l'Hiſtoire Univerſelle, par Boſſuet, 12. 3 vol.

Divertiſſements de Seaux 12.

Diſcours Hiſtoriques ſur le V. & le N. Teſtament par Mr. Saurin 8, 2 voll.

E

E Mblemes d'amour 8.

Ecole du Monde ou Entretiens d'un Pere avec ſon Fils, par Le Noble, 12. 6 vol.

——— des Amans, 12.

Entretiens d'une Ame Devote, avec ſon Dieu, 12.

——— des Voyageurs ſur Mer, 12. 4 vol. fig.

Education des Enfans, par M. Locke, traduit de l'Anglois par M. Coſte. 8. 3. Edit.

——— par Mr. Crouſaz, 12. 2. voll.

Eloge de la Folie d'Eraſme, par Gueudeville, 12. avec fig.

——— des Hommes Savans, par Teiſſier. 4. vol.

Edele de Ponthieu, Nouvelle Hiſtorique, 12.

Eſpion Turc dans les Cours des Princes Chrétiens, 12. 6 vol. fig.

Etat préſent d'Eſpagne, par l'Abbé de Vayrac, 12. 3 vol. fig.

——— de la Suéde, par Robinſon, 8.

——— de Moſcovie, 12.

Eſſais de Michel Seigneur de Montaigne, avec les Notes de Mr. Coſte, 12. 5 vol.

Excellence des Hommes, 12.

Eclair-

CATALOGUE

Eclairciffemens fur l'Analyfe des Infinimens Petits du Marquis d'Hofpital, par Varignon, 4 fig.

Exiftence de Dieu, par Clark. 8. fec. Edit. 3 vol.

Elemens de Mathematiques, par Preftet, 4. 2 vol.

Ebauche de la Religion Naturelle, par Wollas-ton, 4

l'Exiftence de Dieu, demontrée par les Merveilles de la Nature, par Nieuwentyd, 4 fig.

Efprit de Mr. Arnauld, 12. 2 vol.

F.

FAbles de Mr. de la Fontaine, 12.

—— Heroïques, 8. 2 vol. fig.

—— de Mr. de la Motte, dediées au Roi, avec les belles figures de Coypel, 4.

Faveurs & Difgraces des Amans, ou les Amans heureux, malheureux & trompez, 12. 3 vol. fig.

Femmes des XII. Cefars contenant leurs Intrigues, &c. par Mr. de Servies, 12. 3 vol.

—— Savantes, 12.

Flandre Galante, 12.

France Galante contenant les Hiftoires amoureufes de la Cour de France, 12. fig.

Freeholder, ou l'Anglois Jaloux de fa Liberté, 12.

Fonctions des Officiers, 12. avec fig.

Fortifications de Mr. Hartman, 8. fig.

—— de Goldman fol.

—— d'Ozanam 8.

—— de Coehoorn 8 1.

G.

GAge Touché contenant des Hiftoriettes Galantes & Comiques, 12. fig. 2 vol.

Le Gentil, Nouveau Voyage autour du Monde en

enrichi de Cartes & de Figures. 3 vol. 12.

Geometrie des Lignes, par Croufaz , 12. 2 vol. fig.

—— Pratique de Clermont, 4. fig.

Geographie Univerfelle de l'Univers, par Noblot, 12. 6 vol. fig.

—— Pratique de Chamereau , 4. fig.

Grandeur & Excellence des Femmes , 12.

Geometrie Pratique de Malet , 8. 4 vol. avec plus de 500 figures.

Geographie de Buffier 12.

Guide des Negotiants 8.

Grammaire de Miege 8.

—— de Sobrino 8.

H.

Hiftoire des Empereurs par Tillemont 12. 5 vol.

—— Generale d'Efpagne depuis l'Etabliſſement de la Monarchie jufqu'à prefent , par Mariana , 4. 5 vol. fig.

—— de la Comteſſe de Strasbourg, 12.

—— Tragiques & Galantes , 12.

—— de France fous le Regne de Louïs XIV. par Mr. de Larrei, 8. 9 vol.

—— des Chevaliers & Ordres Militaires, 8. 4 vol. avec figures.

—— du Commerce & de la Navigation des Anciens, par Huet, 8.

—— d'Herodote traduit par Duryer, 12. 3 vol.

—— de l'Empire, par Heis , 12. 5 vol.

—— Comique de Francion , 12. 3 vol.

—— des Juifs, par Jofeph, 12. 5 vol.

—— & Memoires de l'Academie Royale des Inscriptions & des Belles Lettres, 12. 8. vol. fig.

—— de la Conquête du Perou, 12. 2 vol. fig.

—— de l'Iſle de Ceylan, 12. fig.

Hiftoi-

CATALOGUE

Histoire des personnes qui ont vécu plusieurs siecles, 12.

— des Diables de Loudun, 12.

— Poëtique de Gautruche, 12.

— de toutes les Religions du Monde, par Jovet, 12. 6 vol.

— Profane, par Du Pin, 12. 6 vol.

— du Cardinal Mazarin, par Aubery, 12. 3 vol.

— du Pape Sixte V., par Leti, 12. 2 vol.

— des ordres Monastiques & Religieux, 5 vol.

— Ecclesiastique par Fleury 4. 20 vol. Paris.

— le même 12 20 vol.

— d'Angleterre par Burnet 12.

— — par Larrey fol. 4 vol.

— — par Rapin Thoyras. 4. 10 voll.

Histoire des Revolutions arrivées dans la Republique Romaine, par l'Abbé Vertot, 12. 3 vol.

— — — de Portugal, par le même, 12.

— — — de Suede, par le même, 12.

— — — d'Angleterre, par le Pere d'Orleans, 12. 3 vol. fig.

— d'Hippolyte, Comte de Douglas, 12.

— du Monde, par Chevreau, 12. 8 vol.

— du Docteur Fauste, 12.

— du Grand Genghiskan, conquerant d'Asie, 12.

— Abregée de la Moscovie, 12.

— de la Bastille, par Reneville, 12. 5 vol. avec fig.

— de la Dragone, 12.

— des Troubles d'Hongrie, 12. 2 vol.

— de Jean de Bourbon Prince de Carency, 12. 2 vol.

— des Pirates Anglois, 12.

— du Royaume & de la Ville d'Alger, 12. fig.

— d'Amenophis Prince de Libye, 12.

— Secrette des Femmes Galantes de l'Antiquité, 12. 3 vol.

— des Chevaliers de Malthe, par l'Abbé Vertot,

DE LIVRES NOUVEAUX.

tot, 4 4 vol. avec tous les Portraits des Grands
Maîtres.
—— Le même Livre en 5 vol. in 12.
Histoire des Avantures de Donquixotte de la Man-
che, 12. 8 vol. fig. Paris.
—— de Timurbec connu sous le nom de Grand
Tamerlan, 12. 4 vol.
—— Physique de la Mer par Marsilli fol.
—— des Eglises des Reformés par Basnage 8.
5 vol.
—— de Charles XII. Roi de Suede, par Mr. de
Limiers, 12. 6 vol. fig.
—— de la Conquête de Grenade, par Mad. de
Gomez, 12.
—— de Louïs XIII. par Du Pin, 12. 9 vol.
—— Naturelle & Politique du Royaume de Siam, 4
—— du Vieux & Nouveau Testament, par Martin,
4. avec figures.
—— de France, par le Gendre, fol. 1 vol.
—— de l'Eglise & de l'Empire, par le Sueur, avec
la continuation de Pictet, 4. 8 vol.
—— Generale des Turcs, fol. 2 vol.
—— des Païs-Bas, par Meteren, fol. 3 vol. en Allemand.
—— de Thucydide, 12. 3 vol.
—— du Concile de Pise, par Lenfant, 4. fig.
—— —— de Constance, par le même, 4. 2
vol. nouv. Ed.
—— de la Milice Françoise, par le Pere Daniel,
4. 2 vol. fig.
—— des Traitez de Paix, fol. 2 vol.
Huetiana, ou Pensées diverses de Mr. Huet, 12.
l'Homme Universel de B. Gratian, 12.
—— détrompé, ou le Criticon de B. Gratian, 12.
3 vol.
Heroïne Mousquetaire, 12. fig.
Hommes illustres par Perrault fol.

Ho-

CATALOGUE

Horace de Tarteron avec les Remarques de Mr.
Coſte. 12. 2 vol.
Les Hommes 12.

I

JOurnal & Obſervations Curieuſes & Phyſiques
du Pere Feuillée, 4. fig. 2 vol.
Jardinier Solitaire, 12.
Jeſuites & Moines en belle humeur, 12.
Jaqueline de Baviere, 12.
Illuſtre Mousquetaire, 12.
—— Françoiſes, Hiſtoires Comiques & Galantes,
12. 3 vol.
Iliade & Odyſſée d'Homere, par Mad. Dacier,
12. 6 vol. avec fig.
Introduction à l'Hiſtoire de l'Univers, par Puſſen-
dorff, 12. 6 vol.
Journées Amuſantes, par Mad. de Gomez, 12.
4 vol. figures.
Impoſteurs inſignes, 12. fig.
Jaloux (le) par force. 12.
Intrigues Amoureuſes de la Cour de France, 12.
Inſtructions pour les Jardins, par Quintinie, 4.
avec fig.
Jugemens des Savans par Baillet avec les Remar-
ques de Mr. de la Monnoye. 4. 8 vol.
—— le même 12. 17 vol.
Juvenal de Tarteron 12.

L

LA Langue, 8. 2 vol.
Logique de Mr. Crouſaz, 12. 4 vol.
Loix & Coûtumes du Change, 4.
Lettres du Comte de Buſſi Rabutin, 12. 5 vol.
—— & Oeuvres de Voiture, 12. 2 vol.

Leſ

DE LIVRES NOUVEAUX.

Lettres sur divers sujets par Richelet, 12. 2 vol.
— d'Amour d'une Religieuse Portugaise 12.
— de Boursault, 12. 3 vol.
— de Mrs. de l'Academie, 8.
— sur divers sujets par Milleran , 8.
— Gallantes de Mad. du Noyer, 12. 5 vol.
— de Cyrille Lucar 4.
— de Louïs XII. 8. 4 vol.
— de Rabelais 8.
— d'Ossat 12. 5 vol.
— Choisies de Simon 12. Nouv. Edition 4 vol.
     Sous presse.
— de Patin 12. 3 vol.
— Persannes, 12. 2 vol.
— de Pline le Jeune, 12. 3 vol.
— sur les Anglois & les François & sur les Voyages 12.
— & Oeuvres Gallantes, 12.
— & Poesies diverses, 12. 2 vol.
— diverses de Mr. Tyssot de Patot, 12. 2 vol.
— de Mad. de Sevigni, 12. 2 vol.
— & Oeuvres de Vargas, 8.
— de Descartes, 4. 3 vol.
— de Vaumoriere 12. 2 vol.
— de Richelet 12. 2 vol.
Locke, Essai Philosophique de l'Entendement Humain, Nouv. Ed. revuë & corrigée par M. Coste. 4. *Sous presse.*

M

MAximes avec des Exemples pour Louïs XV. 12.
Maniere pour étudier les Belles Lettres, par raport au Cœur & à l'Esprit, par Rollin. 2 vol. 12.
— — de Batir par Muet fol.
Memoires du Czar. 12. 4 vol.
— — de la Czarienne 12.

Mena-

CATALOGUE

Menagiana ou Penſées diverſes de Mr. Menage, 4 vol. 12.

le Mentor Moderne, par Steel' & Addiſſon, 12. 2 vol.

Metamorphoſes d'Ovide par Bellegarde, 12. 2 vol. fig.

Methode pour étudier la Geographie, par Lenglet de Fresnoy, 12. 4 vol. fig.

Miſantrope par Mr. van Effen, 12. 2 vol.

Mille & un Jour, 12. 5 vol.

—— —— Quart d'heure, 12. 2 vol.

Memoires pour ſervir à l'Hiſtoire du XVIII. ſiecle par Lamberti, 4. 4 vol.

—— d'Etat par Mr. de Sully, 12. 12 vol.

—— —— par Mr. de Villeroy, 12. 7 vol.

—— de la Cour d'Espagne par Mad. d'Aunoy, 12. 2 vol.

—— du Marquis & de la Marquiſe du Freſne, 12. 2 vol. fig.

—— de Baſſompiere 12. 2 vol.

—— de Walſingbam. 12. 4 vol.

—— de la Chine 12. 2 vol.

—— du Cardinal de Retz & de Joly, 8. 6 vol.

—— pour ſervir à l'Hiſtoire de Pierre Le Grand, 12. 4 vol.

—— de Mad. de Motteville pour ſervir à l'Hiſtoire d'Anne d'Autriche Epouſé de Louis XIII. 12. 5 vol.

—— Hiſtoriques, Politiques & Critiques d'Amelot de la Houſſaye, 12. 2 vol.

—— & Négociations ſecrettes de Mr. de La Torre, 8. 5 vol.

—— de Jean Ker, 8. 3 vol.

—— du Cardinal Bentivoglio, 12. 2 vol.

—— du Comte de Boulainvilliers, 8. 2 vol.

—— de Monglat contenant des Anecdotes curieuſes des regnes de Louis XIII. & XIV. 12. 4 vol.

Me,

DE LIVRES NOUVEAUX.

Memoires fur le Commerce des Hollandois, &.
—— de Montchal, 12. 2 vol.
—— de l'Abbé de Choify, pour fervir à l'Hiftoire
  de Louïs XIV. 12.
— du Comte de Vordac, 12. 2 vol.
—— de Montecuculi, 12.
— de Buffy Rabutin, 12. 3 vol.
Mœurs des Sauvages Americains; par le Pere La-
  fiteau, 4. 2 vol. avec de belles fig.
Methode pour mefurer les furfaces 4.
—— pour apprendre l'Hiftoire Romaine 8

N

NOuveau Cours de Mathematique, appliqué à
  l'ufage de la Guerre, par Bellidor, 4. avec
  figures.
Nouvelle Mecanique ou Statique, par Varignon,
  4. 2 vol. fig.
Negoce d'Amfterdam, par Ricard, 4.
Nouvelles de Michel de Cervantes, 12. 2 vol.
Nouveau Miroir de la Fortune, 12
—— Recueil de Chanfons, 12. 3 vol.
Negociations fecrettes de la Paix de Munfter &
  d'Osnabrug, fol. 4 vol.
Nouveau Teftament & Pfeaumes en Allemand.

O

ODes de la Motte 8. 2 vol.
Obfervations & maximes Criminelles par Bru-
  neau 4. 2 vol.
Oeuvres diverfes de Mr. de Fontenelle, 12. 3 vol.
—— de Boileau Defpreaux, fol. avec les belles figures de B. Picart.
—— —— idem en 2 vol. in 4.
—— —— idem en 4 vol. in 12.

Oeu-

CATALOGUE

Oeuvres d'Horace, par Dacier, 12. 10 vol.
— de Rabelais, 8. 5 vol.
— de Moliere, 12. 4 vol.
— de Dancourt, 12. 8 vol.
— de Thomas & Pierre Corneille, 12. 10 vol.
— de Crebillon, 12.
— de Racine, 12. 2 vol.
— de Mr. le Pais, 12. 2 vol.
— de Pasquier, contenant les Recherches de France, fol. 2 vol.
— de Regnard, 12. 2 vol.
— de Mad. de Rochegullein, 12.
— de Mr. Le Noble, contenant ses Poesies, Historiettes, & autres Traitez, 12. 19 vol.
— de Mad. de Villedieu, contenant plusieurs Historiettes Galantes & Tragiques, 12. 12 vol.
— (Nouvelles) de l'Abbé de Maucroix. 12.
— de Bayle fol. 4 vol.
— de Saint Evremond 12 7 vol.
— de Rapin 12. 3 vol.
— de Boursault 12. 2 vol.
— de Palaprat 12. 2 vol.
— diverses de Mr. de Segrais, 8. 2 vol.
— de Mr. de Tourreil de l'Academie Françoise ; 4. 2 vol.
— de Corneille Agrippa, 12. 3 vol.
— diverses de Bellegarde, 12. 10 vol.
— Poëtiques de Tyssot de Patot, 12. 3 vol.
— de Plaute, par de Limiers, Lat. Fr. 12. 10 vol. fig.
— de Cordemoy, de l'Academie Françoise, 4.
— de Physique & Mecanique, par Mrs. Perrault, 4. 2 vol. fig.
— de Virgile, par Catrou, 12. 6 vol.
— Philosophiques & Theologiques de Böhm, 6 vol. en Allemand, Livre curieux.

Ora.

Oracles des Sybilles 12.

- - - divertiſſans 12.

Ordonnances, Statuts, ſtile & maniere de Proce-
der 4.

P

PAſſe - par - tout de l'Egliſe Romaine, 12. 3 vol.
——— ——— Galant, 12.

Penſées libres ſur la Religion, 8. 2 vol.

Poëſies diverſes du Pere Du Cerceau, 8.

Promenades de Clairenville, 12.

Parfait Négociant, par Savary, 4. 2 vol.

e - - Maréchal, par Soleyſel, 4. 2 vol. François
Allemand.

Pharmacopée Univerſelle, par Lemery, 4.

Penſées ſur les Cometes, par Bayle, 12. 4 vol.

Polexandre, Hiſtoire Romaine, en 5 tomes, Livre rare.

Poëſies de l'Abbé Desmarais 12. 2 vol.

Placette Ecrits divers 12.

Perſpective de Niceron fol. Paris.

Parnaſſe reformé 8.

Principes du deſſein par Larreſſe fol.

Penſées de Paſcal. 12.

Pratique du Theatre 8. 3 vol.

- - - Medicinale de Gladbach 12.

Q

QUintilien de l'Inſtitution de l'Orateur, par Ge-
doyn, 4.

R

REflexions de Marc Antonin traduites par M. &
Mad. Dacier, 12.

- - - ſur les Grands hommes 12.

Re-

Reflexions Morales avec des Notes d'Amelot de la Houffaye 12.

Rome Ancienne & Moderne, 3 vol. 12. avec *fig.* en Allemand.

Recueil des Pieces d'Eloquence, de Poëfies & de Profe de Mrs. de l'Academie Françoife, 12. 28 vol. jufqu'à 1725. inclus.

Recreations de Mathematiques & de Phyfiques par Ozanam, 8. 4 vol.

—— —— Litteraires, 12.

Recherches de la Verité, par le Pere Malebranche, 4.

Rufes Innocentes de la Campagne, 4. *fig.*

Recueil des Ouvrages de Philofophie, de Theologie & Critique du Pere Daniel, 4. 3 vol.

Relation du Voyage de la Mer du Sud par Frezier 4. Paris.

Roman Bourgeois 12. 2 vol.

S

SPectateur ou Socrate Moderne, par Steele, 12. 6 vol.

Saillies d'Efprit, 12.

Science du Calcul 4.

- - - de la Cour de l'Epée & de la Robe 12. 4 vol.

Secretaire des Amans, 12.

Secrets d'Albert le Grand, 12.

Secrets concernants les Arts & Metiers 12. 4 vol.

Sermons de Tillotfon 8. 5 vol.

- - - de Lenfant 8.

- - - de Lucas 8.

- - - de du Bofc. 8.

- - - de Saurin 8. 5 vol.

Simon, (Richard.) les Lettres Choifies. 4 vol. *fous preffe.*

Theatre

T

THeatre d'Italie fol. 4 vol.
- - - de la Grande Bretagne fol. 4 vol.
- - - de Savoye & Piemont.
- - - Hiftorique fol. 5 vol.
- - - Italien, par Gherardi. 12. 6 vol. fig.
—— —— — & François, 12. 2 vol.
- - - de la Foire, ou l'Opera Comique , 12. 5
  vol. fig.
- - - de Quinault, 12. 2 vol.
- - - de Bourfault, 12. 2 vol.
Tacite avec les Notes Hiftoriques & Politiques
  d'Amelot de la Houffaye, 12. 4 vol.
Travaux de Mars, 8. 3 vol. avec figures en Allemand.
Traité de la Conftruction & ufage des Inftrumens
  de Mathematique, par Bion, 4. fig.
Traité des Sections Coniques du Marquis d'Hos-
  pital, 4. fig.
- - - du Beau, par Croufaz, 12. 2 vol.
- - - des Medicamens & l'ufage qu'on en doit
  faire, par Tauvry, 12. 2 vol.
- - - de la Religion Chrétienne, par Abbadie 12.
  3 vol.
- - - General du Commerce, par Ricard, 4.
- - - des Changes Etrangers, 4.
Theologie Chrétienne, par Pegorier, 4.
Tablettes Guerrieres pour la commodité des Officiers & des Voyageurs, fig.
Titans ou l'Ambition Punie 8.

CATALOGUE

U.

l'UTilité des Voyages & les Avantages que la Recherche en procure, 12. 2 vol. fig.

Voyages en Moſcovie & en Aſie, par Corneille le Brun, 4. 5 vol. fig.

- - - au Nord, 12. 8 vol. fig.

- - - qui ont ſervi à l'Etabliſſement de la Compagnie des Indes, 12. 12 vol. fig.

- - - en Perſe &c. par Chardin, 12. 10 vol. fig.

- - - de Cyrus 12.

- - - de Gentil. 12. 3 vol. fig.

- - - d'Italie, par Miſſon, 12. 4 vol. fig.

- - - - - & Avantures de Leguat, 12. 2 vol. fig.

- - - - - de Jean Struys, 12. 3 vol. fig.

- - - - - aux Indes Occidentales, par Coreal; 12. 3 vol.

- - - - - aux Iſles d'Amerique, par le Pere Labat, 12. 6 vol. fig.

- - - - - aux Indes, par Ovington, 12. 2 vol.

- - - - - de Thomas Gage, 12. 2 vol. fig.

- - - - - Hiſtorique de l'Europe, 12. 6 vol. fig.

- - - - - en divers endroits, par Thevenot, 12. 5 vol. fig.

- - - - - de Bernier au Mogol, 12. 2 vol. fig.

Vie du Cardinal d'Amboiſe, 4.

- - - & Avantures de Rozelli, 8. 2 vol.

- - - de Grammont, 12.

Vrai Theatre d'Honneur & de Chevalerie, ou le Miroir Heroïque de la Nobleſſe, fol. 2 vol. avec de belles figures.

Vie de Cromwel 8. 2 vol.

- - - de Boileau 12.

- - - de Deſcartes 4. 2 vol.

DE LIVRES NOUVEAUX.

Vies des Hommes illustres par Plutarque 4. 8 vol.
  Paris.
- : - le même 9 vol. 12.

W.

WHeare, Methode pour lire l'Histoire Ecclesiastique & Civile, dans laquelle les meilleurs Historiens sont rangez dans l'ordre qu'il les
faut lire. Avec un Suplement des Historiens des
Nations particulieres, traduit de Latin en François: Et la Preface de M. Dodwel & les Addi-
tions faites par le Traducteur Anglois, traduites
de l'Anglois. 12. *Sous presse.*

Y

YOlande Reine de Majorque, 12.

Z

ZUllima ou l'Amour pur, 12.
Zayde, Histoire Espagnole, 12.

www.ingramcontent.com/pod-product-compliance
Lightning Source LLC
Chambersburg PA
CBHW070603100426

42744CB00006B/394